供销合作社
农村信用合作实务读本

中华全国供销合作总社金融服务部 编著

中国商业出版社

图书在版编目（CIP）数据

供销合作社农村信用合作实务读本／中华全国供销合作总社金融服务部编著．—北京：中国商业出版社，2019.12

ISBN 978-7-5208-1064-7

Ⅰ.①供… Ⅱ.①中… Ⅲ.①供销合作社-研究-中国 Ⅳ.①F721.2

中国版本图书馆 CIP 数据核字（2019）第 284310 号

责任编辑：管明林

中国商业出版社出版发行

010-63180647　www.c-cbook.com

（100053　北京广安门内报国寺 1 号）

新 华 书 店 经 销

北京市京东印刷厂印刷

* * *

710 毫米×1000 毫米　16 开　13.5 印张　203 千字

2019 年 12 月第 1 版　2019 年 12 月第 1 次印刷

定价：49.00 元

* * *

（如有印装质量问题可更换）

序　言

　　金融是现代经济的核心，农村金融对乡村振兴具有重要的支撑和助推作用。在商业金融广泛发展的今天，农村金融仍然是世界性的难题，农村金融供给不足仍是各国面临的"痛点"，小农和小微企业融资难、融资贵仍是大银行解决不了的"小问题"。2005年，联合国基于"信贷权也是人权"的理念，提出了普惠金融的概念，就是用可负担的成本为有金融服务需求的群体提供适当、有效的金融服务，农村金融归属于普惠金融的范围。

　　当前，我国农业正处于由传统农业向现代农业转型的关键阶段，如何做好农村金融，激发活力，增加农村金融供给，解决小农和小微企业融资难、融资贵问题，是解决好"三农"问题的关键所在。党中央、国务院高度重视农村金融工作，出台了一系列政策措施推动农村金融发展。2015年，国务院印发《推进普惠金融发展规划（2016—2020年）》，从机构体系建立、产品和服务手段创新、基础设施、法律法规体系建设等方面推进普惠金融发展；2018年中央一号文件指出，要提高金融服务水平，健全适合农业农村特点的农村金融体系，推动农村金融机构回归本源，把更多金融资源配置到农村经济社会发展的重点领域和薄弱环节，更好地满足乡村振兴多样化的金融需求；2018年9月，中央印发《乡村振兴战略规划（2018—2022年）》，从健全金融支农组织体系、创新金融支农产品和完善金融支农激励政策三个方面提出了农村金融发展的框架规划；2019年，人民银行等五部委联合印发《关于金融服务乡村振兴的指导意见》，对标实施乡村振兴战略的三个阶段性目标，进一步明确了相应阶段内金融服务乡村振兴的目标。

　　2015年，《中共中央国务院关于深化供销合作社综合改革的决定》（中发〔2015〕11号）要求供销合作社稳步开展合作金融服务，这是基于农业农村经济社会发展需要和供销合作社自身发展实际做出的重大决策。供销合作社长期扎根农村，渠道健全，网络完善，是为农服务的合作经济组织，是党和政府做好"三农"工作的重要载体。通过开展合作金融服务，一方面，能够有效解决信息不对称的问题，降低交易成本和风险，弥补商业金融在农村领域的缺失，有利于农村资金回归本源，更好地满足乡村振兴多样化金融需求，促进农业现代化和乡村振兴；另一方面，能够帮助供销合作社完善"生产、供销、信用"三位一体综合合作体系，延伸服务产业链条，增强对"三农"客户的吸引力，助推主营业务发展，进一步提升服务能力和经营实力。

近年来，供销合作社凭借自身的政策体制优势、制度兼容优势、组织体系优势、信息对称优势、传统品牌优势和产业链整合优势，在合作金融以及融资担保、小额贷款、供应链金融、合作发展基金、合作保险等领域进行了有益的探索实践，在打通金融惠农"最后一公里"，助推农业农村经济发展、农民增收致富、精准脱贫等方面发挥了积极作用。坦率地讲，供销合作社金融服务还面临着功能整体薄弱，发展不平衡、不规范，专业人才较为缺乏等问题。如何加强指导监督，促进规范、有序运行，防范化解风险隐患，是需要认真面对解决的问题。为进一步普及农村金融理论、业务知识以及相关政策，通过典型引路促进系统金融服务依法合规发展，总社金融服务部与供销合作经济学会组织相关专家学者编写了《供销合作社农村金融读本》和《供销合作社农村信用合作实务读本》。其中，《供销合作社农村信用合作实务读本》涵盖供销合作社开展信用合作业务的历史与现状、发起设立、社员管理、经营管理、风险防控、联合发展等各方面，同时将一些成功经验做法形成典型案例供读者学习借鉴，指导性和可操作性均很强，相信本书的出版，必将对各地规范发展信用合作起到积极作用。

工欲善其事，必先利其器。供销合作社系统在发展农村金融的过程中，应注重相关政策理论和业务的学习，按照国家相关政策和监管要求，不忘为农服务的初心使命，严守不发生系统性风险的底线，坚持守正创新、稳中求进，在服务乡村振兴中做出新的更大贡献。

2019 年 11 月

目 录

序言 ··· 1

第一篇　实务篇

第一章　信用合作概述 ··· 3
　一、基本概念 ·· 3
　二、信用合作的基本原则及特征 ·································· 4
　三、国外信用合作社典型做法 ···································· 6
　四、我国农村信用合作发展历程 ·································· 10
　五、我国农村信用合作现状 ······································ 11

第二章　供销合作社农村信用合作基本情况 ···················· 13
　一、供销合作社开展农村信用合作的历程 ························ 13
　二、供销合作社开展农村信用合作的意义 ························ 14
　三、供销合作社开展信用合作的优势 ····························· 15
　四、供销合作社开展农村信用合作的不足 ························ 16

第三章　供销合作社农村信用合作发起设立 ···················· 17
　一、信用合作业务筹备 ·· 17
　二、申请业务许可 ··· 18
　三、信用合作业务设立 ·· 19
　四、变更登记 ·· 20

第四章　供销合作社农村信用合作社员管理 ···················· 21
　一、申请加入信用合作的社员条件 ································ 21
　二、社员权利 ·· 22

三、社员义务 22
四、社员出资要求 23
五、社员退股 23
六、社员账户 24
七、社员花名册 24
八、其他日常管理 24

第五章　供销合作社农村信用合作经营管理 25
一、互助金的吸纳 25
二、互助金的存管 26
三、互助金的投放 27
四、分红 31
五、监督管理 32
六、业务终止 35
七、供销合作社农村信用合作信息化建设 36

第六章　供销合作社农村信用合作会计核算与财务管理 38
一、基本要求 38
二、会计科目 40
三、会计报表 43
四、会计凭证、会计账簿和会计档案管理 47

第七章　供销合作社农村信用合作风险及防控 48
一、外部风险及防控 48
二、内部风险及防控 50

第八章　供销合作社农村信用合作联合发展 54
一、联合合作的必要性 54
二、联合合作组织结构搭建 54
三、联合合作业务开展 57
四、联合合作业务风险控制 58
五、联合合作财务管理 59

目录

第二篇 案例篇

浙江省供销合作社信用合作情况 …………………………………… 63

安徽省黄山市供销合作社资金互助情况 …………………………… 65

山东省招远市供销合作社推进信用合作业务试点工作做法 ……… 67

山东省临沂市河东区供销合作社农村合作金融做法 ……………… 69

江苏省滨海县中淮农综社"三位一体"综合服务 ………………… 72

安徽省阜阳市金牌养鸡专业合作社"三位一体"融合发展 ……… 73

江西省新余市民钰种养农民专业合作社信用合作实践 …………… 74

中合联投资有限公司开展农村合作金融工作情况 ………………… 75

某供销合作社信用合作业务社员管理要求 ………………………… 79

某基层供销合作社章程 ……………………………………………… 80

某供销合作社互助股金投放管理办法 ……………………………… 91

某合作社股金银行存管协议 ………………………………………… 97

第三篇 政策篇

1. 中共中央关于全面深化改革若干重大问题的决定 ……………… 109

2. 中共中央办公厅、国务院办公厅关于创新机制扎实推进农村扶贫
   开发工作的意见（中办发〔2013〕25号）……………………… 109

3. 中共中央国务院关于全面深化农村改革加快推进农业现代化的
   若干意见（中发〔2014〕1号）………………………………… 110

4. 中共中央办公厅、国务院办公厅印发《关于引导农村土地经营权
   有序流转发展农业适度规模经营的意见》的通知
   （中办发〔2014〕61号）………………………………………… 110

5. 国务院办公厅关于金融服务"三农"发展的若干意见
   （国办发〔2014〕17号）………………………………………… 111

6. 国务院办公厅关于落实中共中央国务院关于全面深化农村改革
   加快推进农业现代化若干意见有关政策措施分工的通知
   （国办函〔2014〕31号）………………………………………… 111

3

7. 中共中央国务院关于加大改革创新力度加快农业现代化建设的若干意见（中发〔2015〕1号） ·· 112

8. 中共中央国务院关于深化供销合作社综合改革的决定（中发〔2015〕11号） ··· 113

9. 中共中央办公厅、国务院办公厅印发《关于深入推进农村社区建设试点工作的指导意见》的通知（中办发〔2015〕30号） ··· 113

10. 中共中央国务院关于打赢脱贫攻坚战的决定（中发〔2015〕34号） ··· 114

11. 中共中央办公厅、国务院办公厅印发《深化农村改革综合性实施方案》的通知（中办发〔2015〕49号） ····················· 114

12. 国务院关于印发《推进普惠金融发展规划（2016—2020年）》的通知（国发〔2015〕74号） ···································· 115

13. 国务院办公厅关于推进农村一二三产业融合发展的指导意见（国办发〔2015〕93号） ·· 116

14. 中共中央、国务院关于落实发展新理念加快农业现代化实现全面小康目标的若干意见（中发〔2016〕1号） ··············· 116

15. 国务院关于印发《全国农业现代化规划（2016—2020年）》的通知（国发〔2016〕58号） ···································· 117

16. 国务院办公厅关于完善支持政策促进农民持续增收的若干意见（国办发〔2016〕87号） ··· 117

17. 中共中央国务院关于深入推进农业供给侧结构性改革加快培育农业农村发展新动能的若干意见（中发〔2017〕1号） ····· 118

18. 中共中央办公厅、国务院办公厅印发《关于加快构建政策体系培育新型农业经营主体的意见》的通知（中办发〔2017〕38号） ··· 118

19. 中共中央 国务院《乡村振兴战略规划（2018—2022年）》 ······ 119

20. 中国人民银行 银保监会 证监会 财政部 农业农村部关于金融服务乡村振兴的指导意见 ·· 119

21. 中国银行业监督管理委员会关于印发《农村资金互助社管理

暂行规定》的通知（银监发〔2007〕7号） ·············· 120
22. 中国银监会办公厅关于印发《农村资金互助社示范章程》的通知
（银监办发〔2007〕51号） ···························· 131
23. 中国银监会关于农村资金互助社监督管理的意见
（银监发〔2007〕90号） ······························ 142
24. 中国银监会 农业部 供销合作总社 关于引导规范开展农村信用
合作的通知（银监发〔2014〕43号） ················· 147
25. 中国银监会办公厅关于做好2015年农村金融服务工作的通知
（银监办发〔2015〕30号） ···························· 151
26. 中国银监会关于银行业金融机构积极投入脱贫攻坚战的指导意见
（银监发〔2016〕9号） ······························· 151
27. 中国银监会办公厅关于做好2016年农村金融服务工作的通知
（银监办发〔2016〕26号） ···························· 152
28. 中国银保监会农村中小金融机构行政许可事项实施办法 ·········· 152
29. 关于取缔非法金融机构和非法金融业务活动中有关问题的通知
（银发〔1999〕41号） ······························· 162
30. 非法金融机构和非法金融业务活动取缔办法 ···················· 163
31. 最高人民法院 最高人民检察院 公安部印发《关于办理非法
集资刑事案件若干问题的意见》的通知 ····················· 168
32. 最高人民法院 最高人民检察院 公安部 司法部关于办理
非法放贷刑事案件若干问题的意见 ························· 174
33. 中华全国供销合作总社关于规范发展供销合作社金融服务的
指导意见（供销金字〔2018〕51号） ····················· 177
34. 山东省农民专业合作社信用互助业务试点管理办法
（鲁金监发〔2019〕6号） ····························· 182
35. 湖南沅陵县关于引导开展农民创业资金互助社试点
工作的实施方案 ··· 189
36. 安徽金寨县发展新型农村合作金融组织管理办法（试行） ······ 193

后记 ··· 202

第一篇

实务篇

第一章　信用合作概述

一、基本概念

（一）信用合作、信用互助、合作金融与资金互助

信用合作泛指基于成员信用的合作活动，与信用互助的框架基本一致，是按照合作制原则开展的信用活动。从本质上看，信用合作是合作社服务功能的拓展，由原来为社员提供生产、供销和技术服务，拓展到为社员提供资金调剂、贸易信贷、担保、保险等服务。①

合作金融是相对宏观的概念，从金融学科角度出发进行的划分，与商业金融、政策金融共同构成金融体系。② 信用合作中的资金融通部分即资金互助是合作金融的一种表现形式，突出了资金融通特性。也有学者认为合作金融即信用合作，如北京大学王曙光教授在《农村金融学》中指出："合作金融制度又称为信用合作制度，是指合作社社员在信贷服务领域的合作和互助组织"。

资金互助主要是指合作社内部自主发起的一种社员间的资金融通活动，本质上是一种社区互助性的类金融业务，也是许多发展中国家流行的非正式金融制度之一。从某种程度来说，资金互助是信用合作、信用互助的一种货币互助形式。

（二）信用合作与非法集资的区别

非法集资是指单位或者个人未依照法定程序经有关部门批准，以发行股

---

① 中国百年信用合作史料编委会．中国百年信用合作史料．北京：中国财政经济出版社，2018.
② 王曙光．农村金融学．北京：北京大学出版社，2015.

票、债券、彩票、投资基金证券或者其他债权凭证的方式向社会公众筹集资金，并承诺在一定期限内以货币、实物以及其他方式向出资人还本付息或给予回报的行为。① 其主要特征包括：①未经有关部门依法批准，包括没有批准权限的部门批准的集资；有审批权限的部门超越权限批准集资，即集资者不具备集资的主体资格。②承诺在一定期限内给出资人还本付息。还本付息的形式除以货币形式为主外，也有实物形式和其他形式。③向社会不特定的对象筹集资金。这里"不特定的对象"是指社会公众，而不是指特定少数人。④以合法形式掩盖其非法集资的实质。为掩饰其非法目的，犯罪分子往往与投资人（受害人）签订合同，伪装成正常的生产经营活动，实现骗取资金的最终目的。

相比之下，信用合作遵循"社员制、封闭性"原则，除少数合作社获得财政、金融机构等资金支持外，合作社主要依靠社员入股方式筹集资金，只允许合作社内部成员参与，且有一定的地域等范围限制，成员的借款额和借款时间都有明确的要求，合作社建立严格的审批制度以确保资金用于社员的生产生活。同时，合作社信用合作以互助为宗旨，与非法集资有本质的区别。

二、信用合作的基本原则及特征

（一）合作制基本原则

国际合作运动在历史上有过三个合作制原则，现行的合作制原则是1995年9月在英国曼彻斯特举行的国际合作社联盟100周年代表大会上产生并通过的，其核心是自愿、民主、互利，体现了合作组织质的规定性，是世界各国各种合作社指导实践的依据和公认的章法。其内容包括以下七项：①自愿和开放的社员原则。其对所有能够利用合作社服务和愿意承担社员义务的人开放。②社员民主管理原则。合作社是由社员管理的民主组织，合作社的方针和重大事项由社员参加与决定。③社员经济参与与贡献原则。社员公平入股并民主管理合作社的资金。④自主自立的原则。合作社是由社员管理的自主自助组织，保持合作社的自主性。⑤教育、培训和信息原则。合作社要为

---

① 关于取缔非法金融机构和非法金融业务活动中有关问题的通知（银发〔1999〕41号）。

社员、选举出的代表等人员提供教育和培训，更好地推动合作社的发展。⑥合作社间的合作原则。合作社通过地方的、区域的、全国的和国际间的合作社之间的合作，为社员提供最有效的服务。⑦关心社区的原则。合作社在满足社员需求的同时，要推动所在社区持续发展。

（二）信用合作基本原则

按照国际合作社联盟金融协会（ICBA）的定义，合作金融组织应遵循信用合作的基本原则包括：（1）客户所有。社员既是所有者也是服务对象，从而实现共同利益，其首要目标是为社员提供相对优质的金融产品和服务。（2）社员民主管理。合作金融组织通过社员民主选举理事会，履行其所有者和管理者职能，按照"一人一票"的合作社原则，社员通常享有同等投票权。（3）利润分配。由于农村合作金融组织的非逐利性质和低风险偏好，通常将部分收益用于准备金，或根据社员使用产品和服务的情况、股金持有情况按比例以分红形式返还社员。

（三）传统信用合作的特征

从产生及组织活动特点看，传统信用合作具有以下三个基本特征①：

（1）情感因素是构成信用合作关系的基本要素之一。互助合作式的货币借贷无论发生在亲友之间还是乡邻之间，情感关系都是这种借贷关系产生和维系的直接基础。

（2）以低利率为特征的特殊价值运动形式。由于合作信用中的情感因素，合作信用的付息采用了低利的形式。

（3）低交易费用的营运过程。合作信用以宗法关系为基础，营运地域小，信息成本低，交易成本低廉。

在信用合作过程中，通过合作社内部人员日常积累的免费信息，节省了对社员信用度的个别评估费用，通过社员共同承担无限责任的形式，使贷款有充足的信用保证。在分散的、小额的贷款领域，合作信用有着商业银行无可比拟的优势。②

---

① 岳志. 现代合作金融制度研究. 北京：中国金融出版社，2002.
② 岳志. 合作金融思想学说史. 上海：远东出版社，2017.

三、国外信用合作社典型做法

从世界各国信用合作社产生的实践看,国外信用合作社大体可分两类:一类是由小生产者和其他劳动者联合出资组建的信用合作社,另一类是由合作社组织,如生产合作社和消费合作社联合出资组建的信用合作社。由个人出资联合组成、以互助为主要宗旨的信用合作社,其基本目标是以简便的手续和较低的利率向社员提供信贷服务,帮助力量薄弱的个人解决资金困难,以免遭高利贷剥削。由生产或消费合作社直接出资组建的信用合作社,其产生则体现了合作经济特有的对资金需求的特征。合作经济组织以每位社员提供一定数额的股金为合作社的第一块基石,但是合作社社员投入合作社的资金都是有限的,这块基石显然不够,所以利用信用合作进行融资,满足合作社运营和生产经营需要。一些合作社最初在内部设立储蓄部,随着业务量的扩大,逐渐发展成具有相对独立性的信用社,有些合作社则联手直接组建自己的金融组织——信用合作社或合作银行。[①]

(一)日本农协信用合作体系

日本农协信用合作体系的服务对象主要是农协会员,即农民、与农业相关的生产者及企业,根据会员在农业发展不同阶段对资金需求的不同特点,按期限、金额以及用途提供多样化的金融产品。

日本农协信用合作体系是一个由中央到地方、独立的、具有融资功能的体系(图2-1),内部结构分明,是典型的"二三三"模式,即二重结构、三个层次、三个系统。二重结构是指农民投入和政府投入各占一定比例;三个层次是指基层农协、信用农业协同组合联合会(简称"信农联")和农林中央金库;三个系统是指每个基层农协和信农联的业务都覆盖农业系统、林业系统和渔业系统。三个层次的经济组织都是独立法人,独立经营,自负盈亏,不存在领导与被领导的关系。

第一层基层农协。基层农协设有专门信用机构,吸纳乡村储蓄,为会员开设专门账户,用于会员的销售、购买结算,并为农户提供生产、生活贷款。

---

① 岳志.合作金融思想学说史.上海:远东出版社,2017.

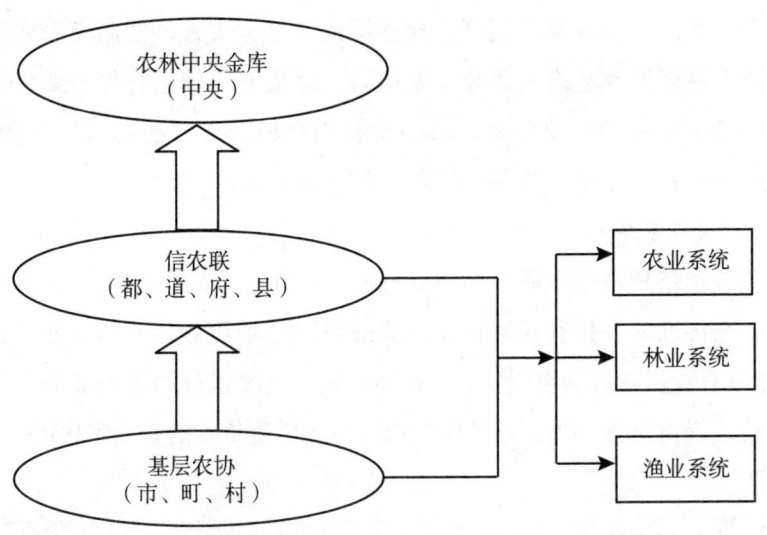

图 2-1　日本农协信用合作体系

第二层信农联。信农联是都、道、府、县级农协中专门从事信贷业务的部门，主要职责是通过存贷来调节辖区内各基层农协的资金余缺，指导基层农协的工作，同时兼营对农、林、渔相关企业的资金支持。第三层农林中央金库。农林中央金库是日本政府根据《农林中央金库法》专门设立的中央一级农村金融机构，相当于整个信用合作系统的"总行"，其主要资金来源是信农联的上存资金和国家批准发行的农村债券，主要职能是协调全国信农联的资金活动，支持信农联的资金需求，为信农联提供信息咨询和工作指导，向农、林、渔大型企业发放贷款，同时也对农村配套设施建设以及促进农村经济发展的公共团体提供贷款支持。

日本农协信用合作属于日本农协业务的一部分，按规定几乎所有涉农的采购、销售甚至部分消费都须通过农协系统来结算，以便于与农协其他事业部协作，共同促进农业发展。其主要运作特点包括：一是具有完整而独立的运作体系，信用合作整体运行框架由自下而上的三级机构共同组成，不隶属于地方政府，不受地方行政干预。二是以服务农业和农民为根本宗旨，农协对非会员提供的服务不超过为会员服务额的1/5，同时对会员到其他金融机构存款进行适当限制，以保证农村存量资金不会外流。三是建立了有效的监管和风险防范机制，存款保险制度、相互援助制度、灾害补偿制度和农业信用保证保险制度能够规避绝大部分金融风险，保证农协信用合作事业可持续发展。四是具备完善的法律体系，农协及相关金融业务的法律制度比较健全，从而为信用合作的发展提供了强有力的支持和保障。

（二）美国农场信贷合作体系

美国农场信贷合作体系（The US Farm Credit System，FCS）是由政府发起设立的、全国性的、具有互助合作性质的农村金融服务体系，由四大地区银行和78家农业信贷协会组成（图2-2）。四大地区银行的主要业务是为其区域内的协会提供贷款，协会则是提供农业生产所需贷款的直接零售商。

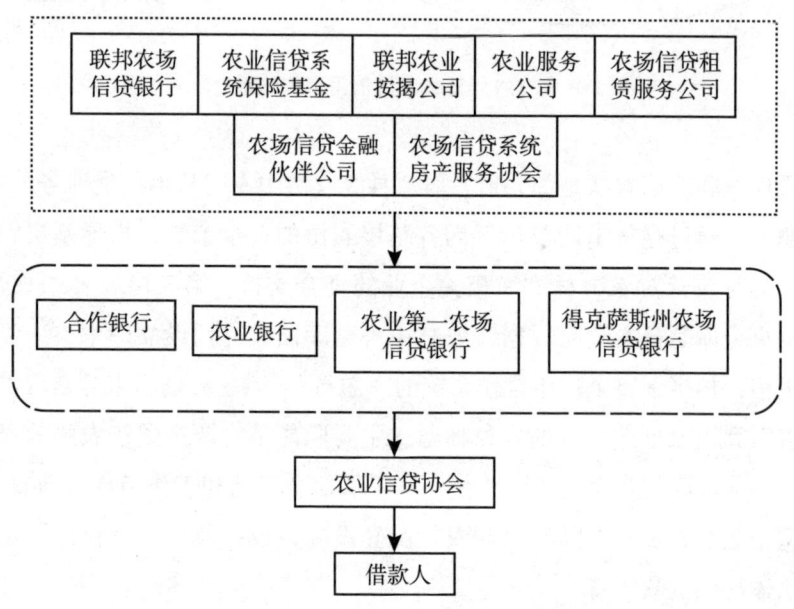

图2-2　美国农场信贷合作体系

FCS体系的运行框架自下而上分为三个层次，第一个层次是78家农业信贷协会。协会的资金基本上从本辖区隶属FCS的地区银行借贷，每个协会都自主管理，拥有自己的董事会。第二个层次是四家农场信贷银行，分别是合作银行、农业银行、农业第一农场信贷银行和德克萨斯州农场信贷银行。四家农场信贷银行均由区域内的农业信贷协会入股组建,并为协会提供信贷资金及金融服务。第三个层次为在信贷银行之上组建的一系列服务型机构,其目的是增强农场信贷系统的服务功能。主要服务内容包括:帮助农场信贷在世界金融市场募集支农资金,提供会计和咨询服务,为系统债券提供担保,在系统内建立贷款流转的二级市场,向系统里的各机构提供信息技术、设备租赁、房产购置、管理、维护等方面的服务。

FCS 向成员提供农业投资贷款、建设贷款、牲畜和设备贷款、经营贷款等多种贷款服务。在向成员放贷时需要对成员的经营情况进行审核,小额贷款者直接到银行网点进行申请,经过简单的评分程序就能获得,从提出申请到放贷1小时之内就能够完成;大额贷款须由理事或者经营者到一线调查,履行较为完善的审核程序,放贷周期因此相对较长,通常需要1个月的时间。其运行特点概括来说主要有三个:一是合作金融的发展有完善的法律与之相配套,美国联邦政府出台的一系列信贷法案为 FCS 的发展提供了良好的外部环境,使 FCS 的运行受到法律的保护。二是合作金融的发展有高效的风险防范机制来保障,降低了 FCS 的筹资成本和资本运作风险,提高了资本的收益。三是建立了完善的信用评价体系,FCS 完全可以据此决定是否向农场主放贷以及放贷的额度。

(三) 德国农村合作金融体系

德国已经形成遍布城乡的合作金融组织网络和健全的合作金融管理体制,是欧洲最大的合作银行体系,其总资产占德国银行业总资产的20%以上,各项存款余额约占德国银行业的1/4。

德国合作金融体系呈金字塔结构,第一层是基层地方合作银行。包括由城市信用社演变而来的大众银行,以及由农村信用合作社演变而来的莱弗艾森银行。其中,大众银行主要向商业和小企业发放贷款,莱弗艾森银行主要提供农业贷款。第二层是区域性合作银行。三家区域性合作银行分别是德国中央合作银行(DZ BANK)、西部合作中心银行(WGZ BANK)以及慕尼黑房地产银行,由地方合作银行入股组成,负责办理区域内结算业务和接待资金需求额度较大的客户,还为基层地方合作银行开展证券业务和国际业务。

第三层是合作银行联盟。由区域性合作银行和基层地方合作银行入股组成，是整个合作银行系统的战略核心，主要行使三大职责：对成员合作银行的监督救助，向成员提供战略性咨询，以及负责和政界的联系、社会公关等。其中，基层地方合作银行入股区域性合作银行，区域性合作银行再入股合作银行联盟，各层次的合作银行都具有独立的法人资格，不存在隶属关系，是经济上的联合，自下而上入股、自上而下服务，形成了强大的合作银行系统，整体优势非常明显。

德国合作金融体系的主要运行特点包括：一是层次性强。整个体系呈金字塔形状，塔底是地方合作性金融机构，中间部分是区域性合作金融机构，顶端是合作金融机构的中央协调机关。二是自发组建。德国农村合作金融组织是自发组织起来的，是典型的民间金融组织，政府对其干预很少。德国农村合作金融组织在创建初期没有得到政府的资金支持，但在不断发展壮大过程中，政府也为其提供了政策性和服务性的支持。三是土地所有权抵押在农村信贷中起到非常重要的作用。在德国农村合作金融机构的抵押担保贷款中，土地所有权抵押占到90%以上，是最普遍的抵押品。

四、我国农村信用合作发展历程

信用合作社肇始于西欧，在我国，农村信用合作事业的真正开展是在20世纪20年代。[1] 当时，知识界对于农村建立带有农民互助性质的信用合作组织已经有了足够的认识和倡导。1923年，华洋义赈会在河北香河建立了第一家信用合作社，1931年国民政府制定了《农村合作社暂行规程》，1934年颁布了《合作社法》。在政府宏观政策的支持下，中国信用合作社的发展逐步加快，数量不断增加，据统计，1937年，中国农村信用社数量已经超过2万个。[2] 抗日战争和解放战争时期，由于战乱原因，农村信用合作事业受到严重影响，基本处于崩溃或瘫痪的状态。

中华人民共和国成立后，农村信用合作事业经历了比较曲折的发展，从

---

[1] 王曙光. 农村金融学. 北京：北京大学出版社，2015.
[2] 徐唐龄. 中国农村金融史略. 北京：中国金融出版社，1996.

1949年到1979年大致分为两个阶段。第一个阶段是1949—1958年，农村信用社开始试办、推广和调整。这时的农村信用合作社是在私人产权基础上发展的合作金融，是农民自己的资金互助组织，农民以自己的闲散资金入股，坚持民主办社的原则，不以营利为目的，解决农民自己的资金需求问题。这种体制基本适应了当时农村生产生活的实际情况，对当时农村的经济发展起到了较好的促进作用。第二个阶段是1958—1979年，因为历史，农村信用社发展受到破坏，处于停滞状态。

改革开放后，国家出台一系列政策，对农村信用社进行整顿调整，农村信用社在改革调整中发展，经营和管理都发生了很多积极的变化，1996年8月国务院《关于农村金融体制改革的决定》出台，农信社进入合作制改革阶段，逐步与农业银行脱钩，独立发展，改由人民银行监督；恢复合作制属性；探索县级社一级法人制建设，组建省级联社试点；解决历史挂账，开展农户联保贷款等业务。2003年，国务院出台《深化农村信用合作社改革试点方案》，正式启动农村信用合作社的商业化改革，这次改革后农村信用合作社进入了一个良性发展的轨道，但已不属于真正的农村信用合作组织，新型农村信用合作组织亟待完善发展。

五、我国农村信用合作现状

2004年中央一号文件中提出"鼓励有条件的地方在严格监管、有效防范金融风险的前提下，通过吸引社会资本和外资，积极兴办直接为三农服务的多种所有制的金融组织"，2005年"深化经济体制改革的意见"中提出，"探索发展新的农村合作金融组织"，2006年中央一号文件首次明确提出"引导农民资金互助组织的发展"，银监会调整放宽农村金融市场准入条件，2007年银监会印发《农村资金互助社管理暂行规定》和《农村资金互助社示范章程》，吉林梨树百信资金互助社获得资金互助第一张金融许可证，截至2011年，银监会共批准成立49家资金互助社，自2012年开始，原银监会暂缓审批农资资金互助社牌照。2013年党的十八届三中全会决议提出"允许合作社开展信用合作"，2014年，中央一号文件提出"在管理民主、运行规范、带动力强的农民合作社和供销合作社基础上，培育发展农村合作金融，不断丰富农村地区金融机构类型。坚持社员制、封闭性原则，在不对外吸储放贷，不支付固定回报的前提下推动社区性农民资金互助组织发展。完善地方农村金融管理体制，明确地方政府对新型农村合作金融监管职责，鼓励地方建立风险补偿基金，有效防范金融风险。适时制定农村合作金融发展管理办法"。此后，2015、2016、2017年中央一号文件都对开展农民合作社内部资金互助试点提出了要求。

在国家政策的指引下，农业和农村改革发展的大背景催生了各类新型农村信用合作组织，这些基于农民内部信用合作而产生的农村信用合作组织在外部政策放宽、内部需求增加的双重影响下快速发展。现阶段新型农民信用合作组织形态逐步多元化，按照批准或支持、指导（管理）部门的不同，我国农村新型信用合作组织主要包括五种：第一种是农民合作社内部的信用合作，这些农民信用合作组织以生产合作等作为基础，发展势头良好，也得到了当地政府扶持。第二种是原农业部、供销合作社推动的各类农村信用合作组织。这类农民信用合作组织得益于原农业部、供销合作社系统的积极支持，数量可观。第三种是在原银监会框架下形成的农民资金互助组织，其中部分有原银监会的牌照许可，其余很多并没有得到原银监会的合法性认可。第四种是扶贫性、公益性的农村信用合作组织，一般由国务院扶贫开发领导小组办公室、民政等部门和机构牵头的扶贫性农村合作金融组织，主要是为了解决贫困村、贫困户发展生产、自主创业资金短缺问题。第五种是基于网络的新型合作金融形态，例如P2P这样的互联网金融形式。[1]

新型农村信用合作组织在一定程度上满足了当地农民强烈的资金需求，缓解了农民和小微企业的资金困境，对当地农村经济发展起到了重要推动作用。但在现实发展中，新型农村信用合作组织也存在着诸多问题。如性质不明、监管缺失导致无法注册登记，内部管理薄弱难以健康持续发展，治理结构上缺乏民主管理，在具体业务上存在着资金来源存款化倾向，盈利分配不当等。这些突出问题已成为新型农村信用合作组织健康发展和可持续性经营的障碍，亟须加以解决。

---

[1] 王曙光. 农村金融学. 北京：北京大学出版社，2015.

第二章　供销合作社农村信用合作基本情况

一、供销合作社开展农村信用合作的历程

供销合作社探索农村金融业务起源于20世纪80年代初。1982年1月1日，中共中央批转《全国农村工作会议纪要》，要求"恢复和加强供销社组织上的群众性、管理上的民主性和经营上的灵活性"，根据中共中央1982年到1985年4个1号文件和1986年5号文件要求，为了进一步加强供销合作社与农民在组织和经济上的联系，允许供销合作社开展大规模清股、扩股活动，并按照"入股自愿、退股自由、股额不限、保息分红"的办法吸纳社员股金，用于供销社日常经营及投资办企业。1999年，由于农村金融形势发生变化，全国供销合作总社按照有关部门要求下发通知，要求供销合作社停止吸纳并逐步清退社员股金。2007年以后，随着国家对发展新型农村合作金融政策的变化，以及《农民专业合作社法》的颁布，合作经济的发展迎来新的契机，供销合作社利用扎根农村的组织网络优势和对接市场资源的渠道优势，再次开始合作金融的尝试。

2015年，中共中央、国务院印发《关于深化供销合作社综合改革的决定》（中发〔2015〕11号），文件提出"发展农村合作金融，是解决农民融资难问题的重要途径，是合作经济组织增强服务功能、提升服务实力的现实需要。有条件的供销合作社要按照社员制、封闭性原则，在不对外吸储放贷、不支付固定回报的前提下，发展农村资金互助合作"。根据供销合作社综合改革要求和系统合作金融发展实际，2018年8月，全国供销合作总社专门成立金融服务部，统筹规划指导系统合作金融业务。2018年12月全国供销合作总

社印发《关于规范发展供销合作社金融服务的指导意见》，强调以服务农村实体经济为出发点和落脚点，稳步发展农村信用合作，为全系统规范发展合作金融、更好服务乡村振兴战略指明了方向。

二、供销合作社开展农村信用合作的意义

经过十几年的努力，特别是在国家大力推进普惠金融的政策引导支持下，我国农村金融改革不断深化，农村金融服务水平有效改善，金融供给不断提升、农村金融组织体系不断完善，农村金融产品和服务方式加快创新，已初步形成银行业金融机构、非银行业金融机构和其他微型金融组织共同组成的多层次、广覆盖、适度竞争的农村金融服务体系。但也要看到，当前农村金融仍然是我国金融体系的短板，仍然是农业农村现代化的瓶颈，与乡村振兴的总体要求不相适应，主要表现在金融支农体系不健全、农村金融供给仍然不足、农村金融服务的针对性不强、政府普惠金融基础设施建设滞后等方面。供销合作社开展的农村信用合作业务，一方面能够有效改善农村金融供给，另一方面对供销合作社自身改革发展也有重要意义。

第一，有助于补齐"三位一体"综合合作短板。"三位一体"综合合作是习近平总书记在浙江省工作期间亲自部署和推动的重大改革举措，综合合作丰富了农村统分结合双层经营体制中"统"的内涵，是农村生产关系和农业经营体制的发展和完善，对于在人多地少、农民众多、经营分散的基本国情农情下推进中国特色农业现代化建设，具有重大而深远的意义。供销合作社积极拓展农村信用合作服务，可结合土地托管、农资销售、农产品流通等优势，更好地拓展服务领域，真正形成供销合作、生产合作、信用合作"三位一体"的农村经营体系，促进农村合作层级和各种资源配置效率的进一步提升。

第二，有利于提升服务"三农"的能力。为农服务是供销合作社的根本宗旨，也是供销合作社一切工作的出发点和落脚点。供销合作社通过发展信用合作，一方面能够有效解决"三农"的融资难、融资贵问题，助力农村经济社会发展，另一方面能与农民建立更紧密的联系，更好地服务"三农"。

第三，有利于促进自身经营业务开展。供销合作社通过开展信用合作服

务，充分发挥资金对于实体经济的促进作用，能够帮助农民专业合作社进一步发展壮大，增强经营实力。农民专业合作社的发展壮大，又会促进供销合作社的农资供应、农副产品流通等主营业务发展，帮助供销合作社实现更大的经济效益。

三、供销合作社开展信用合作的优势

供销合作社长期扎根农村，渠道健全，网络完善，是为农服务的合作经济组织，是党和政府做好"三农"工作的重要载体，在开展合作金融方面具有得天独厚的优势。主要体现在：

第一，具有组织体系优势。截至2018年底，供销合作社拥有由国家级总社、32个省级社、342个市级社、2402个县级社、30281个基层社组成的五级组织结构，发展了近20万家农民专业合作社，近40万个农村综合服务社，构建起了联结城乡、遍布全国的流通网络，网点达98.5万个，覆盖全国80%以上的乡镇和1/3以上的行政村，这为开展农村信用合作服务奠定了坚实的组织基础。

第二，具有信息对称优势。供销合作社长期深耕农村，与农民联系紧密，具有较大的"熟人"优势，可以有效解决信息不对称的问题，降低开展金融服务的成本和风险。

第三，具备制度兼容优势。合作制是合作金融的基础，供销合作社作为合作经济组织，在沟通城乡、连接工农方面发挥着重大作用，积累了丰富经验，具备进一步整合生产、信用合作的制度优势。

第四，具备产业发展优势。供销合作社开展的经营业务涵盖农资、日用消费品、农副产品、再生资源各个行业，覆盖农业生产、加工、仓储、流通各个环节，具备开展信用合作的产业优势。

第五，具备品牌优势。供销合作社是为农服务的"国家队"，在服务农民过程中积累了良好的信誉和口碑，赢得了广大农民的信任，这是其他金融组织所不具备的品牌优势。

四、供销合作社开展农村信用合作的不足

一是供销合作社的合作制属性淡化，与农民的利益联结不紧密。合作经济属性是供销合作社区别于其他经济组织的本质属性，也是供销合作社开展信用合作的内在制度优势。但目前供销合作社的合作经济特色并不鲜明，在县以下的基层供销合作社表现尤为突出。目前系统的基层社大多还是集体所有制企业，农民社员的数量不多，合作制原则没有得到体现，导致在开展信用合作方面的优势不能有效发挥。

二是联合合作不够，整体优势难以发挥。供销合作社无论是开展经营业务，还是发展金融服务，很大一个优势就是能够依托庞大的组织体系，形成规模优势。但目前供销合作社分级所有，资源分散在各级供销合作社，得不到有效整合，不能形成合力。对于金融服务这一规模效应特别明显的行业来说，零散的小规模经营无法获得规模效益，同时也不利于监管，这也增加了系统开展合作金融服务的难度。

三是金融人才缺乏。整体来看，供销合作社干部队伍比较老化，知识结构不合理，特别是县以下供销合作社，限于经营实力，好的人才引不进、留不住，而金融业务对专业化的要求又比较高，导致许多地方供销合作社开展合作金融服务有心无力。

四是认识不到位。思想认识方面，存在两种错误倾向，一种是受历史上"股金风波"影响，对发展信用合作谈虎色变，积极性不高；另一种是受金融行业相对利润较高影响，对金融行业有强烈的偏好，风险意识不强，盲目扩张，甚至偏离信用合作的基本原则。这两种错误的认识倾向都影响着供销合作社信用合作业务的健康发展。

第三章　供销合作社农村信用合作发起设立

2007年，原银监会印发《农村资金互助社管理暂行规定》，对农村资金互助社的设立条件、程序做出了明确要求，但自2012年起，原银监会已暂停审批设立新的农村资金互助社。2015年，原银监会批准山东省、河北玉田、安徽金寨和湖南沅陵"一省三县"开展合作社信用合作试点，试点地区结合本地的实际情况对信用合作业务的设立发起做了规定。本章主要依照《农民专业合作社法》，参照各地管理实践，提炼出信用合作发起设立的一般程序、原则，各地具体实践中应根据当地政府实际要求进行。

一般来讲，供销合作社农村信用合作的发起设立可以分为信用合作业务筹备、申请业务许可、信用合作业务设立、变更登记四个阶段。

一、信用合作业务筹备

（一）开展信用合作业务的合作社应具备的条件

筹备开展信用合作业务的农民专业合作社（以下简称"合作社"）应依法办理工商登记手续，持续运营1年以上，且具备一定规模，有健全的内部控制、风险管理制度和规范的业务操作流程，理事、监事、高级管理人员应当具备履行职责所需的专业能力、无不良信用记录。当合作社内部及成员为发展生产有大量的小额、分散、短期资金需求，可考虑开展信用合作业务，由发起人（理事长或业务部门负责人）向理事会提交信用合作发起设立的提案。提案内容主要包括开展信用合作业务的必要性、对合作社开展信用合作业务的初步规划等。

(二) 理事会决议开展信用合作业务

针对信用合作发起设立提案，合作社理事长召集理事、监事、业务部门负责人商议是否开展信用合作业务。经理事会决议同意开展信用合作业务的，成立信用合作业务筹备小组，明确工作分工。同时由信用合作发起人签署相关协议，一是《发起人承诺书》，主要内容包括承诺守法规范经营、承诺共担风险等；二是《发起人协议书》，主要内容包括总则、经营宗旨、股本结构、权利和义务、附则等；三是《发起人共同声明》，主要内容包括申明自愿发起信用合作业务、提供材料真实有效、遵循的经营原则等。

(三) 拟定信用合作业务筹备方案

由筹备小组拟定业务筹备方案，筹备方案应当包括信用合作业务发起设立工作计划、信用合作业务可行性研究报告、信用合作业务实施方案等。

(1) 制定信用合作业务发起设立的工作计划。包括工作内容、时间进度等，工作进展情况须及时向理事会汇报，保证筹备工作顺利进行。

(2) 制定可行性研究报告。主要内容有开展信用合作的可行性和必要性、发展规划、风险控制措施、经济和社会效益、结论等。

(3) 制定信用合作业务实施方案。主要包括信用合作资金规模、组织架构、业务场所、业务区域范围、风险防控、规章制度、人员培训等。

(四) 召开社员（代表）大会

形成以下决议：

(1) 通过合作社开展信用合作业务决议；

(2) 通过信用合作业务实施方案。

二、申请业务许可

筹备开展信用合作业务的合作社须先行向当地或上级供销合作社申请，获得供销合作社同意后，再向当地政府金融监管部门，一般为县（市、区）政府金融办（局），申请信用合作业务开展许可。

申请时一般需提供以下资料：

(1) 开展信用合作业务申请报告（包括合作社基本情况，开展信用合作业务的政策依据和现实需要、信用合作业务规划等）；

（2）信用合作可行性研究报告、实施方案；

（3）营业执照；

（4）最近一个年度财务报表；

（5）理事、监事、信用合作部负责人、财务人员简历、有效身份证件、个人信用记录；

（6）社员大会同意开展信用合作业务的决议；

（7）《发起人承诺书》《发起人协议书》《发起人共同声明》等声明材料；

（8）供销合作社同意开展信用合作业务的意见等。

当地政府监管部门收到信用合作业务申请后，对相关材料进行审核，对符合条件的，下发同意开展信用合作业务的核准文件。

三、信用合作业务设立

（一）召开社员大会，确定开展信用合作业务

经政府金融监管部门核准开展信用合作业务后，合作社须召开社员大会，形成以下决议：

（1）确定设立信用合作部，新增信用合作业务经营范围；

（2）确定第一批参与信用合作人员名单（身份信息）；

（3）通过《合作社信用合作业务章程》和《农民专业合作社章程修正案》；

（4）确定信用合作部经理人选；

（5）通过信用合作业务的各项管理规章制度，包括社员股金管理办法、互助金借用流程、互助金申请管理实施细则、互助金借款所需的合同、调查表等材料，信用合作财务会计管理制度、信用合作业务风险管理办法等。

（二）参与信用合作业务的社员与合作社签订《信用合作协议书》

主要内容包括遵循合作社相关章程规定、自愿参加信用合作业务、自愿承担风险等。

（三）聘任专职人员

聘任专职财务人员和有信贷工作经验的人员担任管理人员或业务顾问。

（四）确定托管银行

选择一家银行业机构作为其信用合作业务资金存放、支付及结算的合作托管银行，并应与当地监管机构、合作托管银行签署三方合作托管协议。

（五）请主管部门或专业公司进行开业前辅导、人员培训等。

四、变更登记

经政府金融监管部门核准开展信用合作业务后，可办理工商登记，一般需提供以下材料：

（1）信用合作业务相关批复文件；

（2）社员大会决议；

（3）章程修正案；

（4）信用合作部入股名册等。

当地工商部门根据以上资料办理变更登记，新增业务范围，颁发变更后的《营业执照》。

工商登记变更后，需按当地金融办（局）要求，将参与信用合作社员名单（社员身份证、户口簿复印件）提交当地金融监管部门备案。

第四章 供销合作社农村信用合作社员管理

社员管理是信用合作管理的一项基础性工作，涵盖社员资格、社员构成、社员入社与退社、社员权利和义务、社员的日常教育等内容。社员管理必须依法开展，照章办事。

本章主要依据《农民专业合作社法》和《农村资金互助社管理暂行办法》（银监发〔2007〕7号）、《农村资金互助社示范章程》（银监办发〔2007〕51号）等法律规章，对信用合作经济组织的社员管理提出一般性建议。实践中，各地可根据实际情况及当地政府管理部门的不同要求，有针对性地进行调整完善。

一、申请加入信用合作的社员条件

为控制风险，申请加入信用合作的社员一般应具备以下条件：

（1）具有合作社社员资格1年以上；

（2）自然人社员的户口所在地或经常居住地、法人社员的注册地或主要经营场所原则上应当在农民专业合作社所在行政村或乡（镇）；

（3）法人社员的主要生产经营活动与农民专业合作社业务直接相关，且近2年连续盈利；

（4）作出书面承诺，自愿承担农民专业合作社信用合作业务风险，并签名盖章予以确认；

（5）符合监管部门规定的其他条件。

符合上述条件的农民专业合作社社员，包括自然人社员和法人社员，承认并遵守信用合作业务章程，通过出资入股可以成为信用合作业务社员。

二、社员权利

参加农村信用合作的社员除享受农民专业合作社社员基本权利外，还享受以下权利：

（1）参与合作社信用合作业务。

（2）参加合作社社员大会有关信用合作业务的活动，参与信用合作业务的民主管理，享有表决权、选举权和被选举权；不能出席会议的社员（社员代表）可授权其他社员（社员代表）代行其表决权。授权应采取书面形式，并明确授权内容。

（3）出资额较大的社员，在基本表决权基础上，按章程规定行使附加表决权。享有附加表决权的社员及其享有的附加表决权数，应当在每次社员大会召开时告知出席会议的社员。

（4）参与讨论制定合作社信用合作业务管理的规章制度。

（5）参与本合作社信用合作业务的盈余分配。

（6）查阅本合作社社员大会或代表大会、理事会、监事会关于信用合作业务的决议和财务会计报告等文件。

（7）在完全履行信用合作社员义务的情况下，退出信用合作业务，即退股。

（8）章程规定的其他权利。

三、社员义务

参加农村信用合作业务的社员除履行农民专业合作社社员基本义务外，还须履行以下义务：

（1）按章程规定及时足额出资。

（2）执行信用合作社社员（代表）大会的决议。

（3）作出书面承诺自愿承担信用合作业务的风险，并签名盖章予以确认。

（4）按约定及时归还所借资金；如果发生违约，同意以自己信用合作业务账户余额偿还债务。

（5）按照章程规定承担亏损。

（6）积极、如实向本社反映情况，配合信用合作业务开展。

（7）章程规定的其他义务。

四、社员出资要求

社员参与农村信用合作业务，其入股资金须为自有资金，且来源合法，达到章程规定的入股金额起点；以货币出资，不得以实物、贷款或其他方式入股。

为保证信用合作业务社员能够平等的享受权利、履行义务，防止信用合作业务被少数人控制，对社员出资额度需要有一定的限制。单个社员的资金出资额不得超过同期该合作社用于开展信用合作业务资金总额的一定比例（如不超过20%）。自然人社员资金出资额可以参照当地上一年度农民人均收入设定一定的限额。超过规定限额的资金入股需报上级供销社和监管部门批准。

五、社员退股

参与农村信用合作业务的社员不得以所持本社股金为自己或他人担保合作社信用合作业务以外的债务。社员的股金和积累可以转让、继承和赠予，但理事、监事和经理持有的股金和积累在任职期限内不得转让。满足以下条件，社员可以办理退股：①社员提出全额退股申请；②信用合作业务当年盈利；③退股后不影响当年信用合作业务可持续运营（可以设定一定比率）；④在本社没有逾期未偿还的资金。

要求退股的，应提前一定时间向理事会或经理提出，经批准后办理退股手续。退股社员的社员资格在完成退股手续后终止。

社员在其资格终止前与信用合作组织订立的合同，应当继续履行，章程另有规定或者与信用合作组织另有约定的除外。社员资格终止的，信用合作组织应当按照章程规定的方式、期限和程序及时退还该社员的股金和积累份额。社员资格终止的当年不享受二次分红。

六、社员账户

信用合作组织应当为参加信用合作业务的社员设立专门账户,并载明以下事项:①社员姓名、身份证号码(纳税识别号)、家庭住址;②社员出资额、出资日期;③社员借入信用合作资金金额及日期和偿还情况等。

社员账户信息在农民专业合作社内部进行公示,并允许信用合作社员查阅。

七、社员花名册

信用合作组织应当置备信用合作社员名册,并报送主管供销合作社、监管部门和注册登记部门,同时交合作托管银行备案。社员名册载明的信用合作业务社员应当与实际参与信用合作业务社员一致。

参与信用合作业务的社员发生变更时,一般应当自本年度终了之日起30日内,将法定代表人签署的信用合作社员名册报送上级供销合作社、监管部门和注册登记部门,并应及时送合作托管银行备案。

八、其他日常管理

合作社对社员应加强政策宣传、诚信教育,普及信用合作业务知识,增强社员对参与信用合作业务相关权利义务的认识,增强风险意识,保证信用合作业务的可持续经营。

第五章　供销合作社农村信用合作经营管理

信用合作经营管理是信用合作业务各环节管理工作的总称,包括互助金吸纳、资金托管、会计核算、财务管理、互助金投放、监督、终止清算、信息化管理等。信用合作经营管理应在合作社理事会领导、监事会监督下进行。成员(代表)大会为信用合作业务的最高权力机构,根据章程对重大事项进行决策,大会选举产生信用合作评审委员会、信用合作监督管理委员会,并任命信用合作业务负责人。信用合作评审委员会对信用合作业务进行评议、审核并负责,信用合作监督管理委员会按照独立性原则,对信用合作业务进行日常监督、审计,组成人员不能与信用合作业务相关人员重合。

一、互助金的吸纳

信用合作业务的资金来源包括成员股金、政府扶持资金、资金存放产生的利息、成员互助金使用费、盈余积累等,其中吸纳成员互助金是主要获取途径。吸纳互助资金应坚持内部性原则,在参与信用合作的合作社成员内部吸纳,并控制资金规模,严禁向非成员吸纳资金。互助金须为现金。

适度的规模是信用合作安全开展的必要条件。互助金规模过小无法满足成员使用需要;规模过大,则会导致信用合作组织无法有效利用全部互助金,增加运营成本。互助金吸纳比例是指向某一成员吸纳的互助金占互助金总额的比例。吸纳单一成员的互助金金额一般不超过同期互助金总额的10%,主要基于以下两个方面考虑:一是防止单个成员控制信用合作业务;二是防止当单一成员因私人原因需要取走大额互助金时导致信用合作出现流动性不足。互助金吸纳总规模和单一成员吸纳比例要结合当地经济发展水平、合作社规模、主营行业特点确定,按照当地政府监管部门核定标准执行。

此外,信用合作经济组织还应结合当地经济发展水平合理设置入股金额起点,对发起设立人、普通成员、营利性法人成员等不同类别成员设置不同的入股金额起点。

二、互助金的存管

信用合作组织应设置专户存放管理互助金。为促进信用合作业务的封闭运行、规范发展,应引入托管机制。托管是指银行类金融机构受客户委托,为委托人开立和代管专项账户、保管账户资产并根据委托人的指令代行账户项下的资金往来和结算业务。在信用合作业务中引进托管机制,是指信用合作组织在选定的合作托管银行开立专门账户,并且委托该银行代行管理该账户的互助金存放、支付和结算。资金托管制度是实现资金互助封闭运行、防止资金"跑路"的管控措施,也是专业机构受监管单位委托,监督资金互助组织审慎经营的有效措施。信用合作组织选定托管银行后应与之签订合作托管协议,明确双方权利义务及托管事项。信用合作组织可根据业务需要,还可委托合作银行为其提供风险防控、技术支持、业务指导等服务。受托银行根据托管协议应履行相关义务,承担托管职责,还可根据信用状况为信用合作组织提供资金融通和流动性支持。

(一)开通账户

信用合作组织在托管银行开立对公账户,通过对公账户开展成员信用合作服务。资金存放账户应为计息账户,托管银行按照协商好的利率支付托管资金的利息。该利息归合作社所有。

在托管银行开立账户时,应与托管银行明确下列内容:约定账户管理范围、内容;约定互助金出借、收回的业务流程;开通对公账户网上银行,设立全功能、查询功能两级权限U盾密钥体系;约定对公账户每日最高转账、取现金额,原则上存入无限制。主管供销合作社可通过使用具备查询功能的网银U盾实时查询资金存放账户资金流水,并可单方面通知银行对资金存放账户进行临时止付或终止临时止付。临时止付后,资金存放账户内可进不可出;终止临时止付后,资金存放账户恢复正常。

托管银行就托管服务收取的托管服务费由合作社另行缴纳,不得动用资金存放账户下的资金。在提供转账等服务时,托管银行有权按有关规定收取相应费用,费用发生时托管银行有权直接从资金存放账户中扣除,所扣费用由合作社承担,合作社可根据实际转账情况内部记账至对应责任成员名下。

（二）存放

除部分以现金管理为目的,经主管供销合作社同意临时用于购买国债、货币基金等低风险金融产品账户的资金外,信用合作组织使用托管银行对公账户作为唯一资金账户,并在每个工作日特定时间将信用合作业务产生的全部资金存入资金存放账户。同时,托管银行应将账户余额及相关流水及时定期通知信用合作组织相关人员。

每日现金通过人工运送至资金存放银行柜台的,应遵从以下原则:与资金存放银行网点约定每日存现时间;运送现金人员不低于2人,男性为主,以防止出现抢劫等意外事件;通过银行电子自动化设备存入资金存放账户的,应与资金存放银行约定两部银行电子自动化设备并确定设备维护报修方式,操作银行电子自动化设备应至少2名工作人员在场,男性为主,以防止出现抢劫等意外事件。

（三）转账/取现

通过银行柜台取现,应设定每日取现限额,每日单个或累计多个成员股金提取申请超过限额的需提前1个工作日预约,并填写大额交易备忘录报主管供销合作社备案。

银行电子自动化设备进入信用合作组织办公场地的,每日取现也应设定限额,超过限额的,通过银行电子自动化设备直接转账;每日单个或累计多个成员股金提取申请金额较大的须提前预约,并填写大额交易备忘录报主管供销合作社备案。

三、互助金的投放

投放互助金可以现金或实物等形式,主要用于支持成员的生产、经营等方面的需求,期限一般不超过1年。互助金投放仅限在合作社成员内部,不得对外放贷,坚持小额、分散、短期的原则,互助互济、有偿使用。依照互助金使用额度、风险程度等，成员可以申请信用投放、互（联）保投放、第三方担保投放以及抵/质押担保投放等。

（一）互助金投放程序

互助金投放程序一般包括：申请、审核、办理放款等（图5-1）。

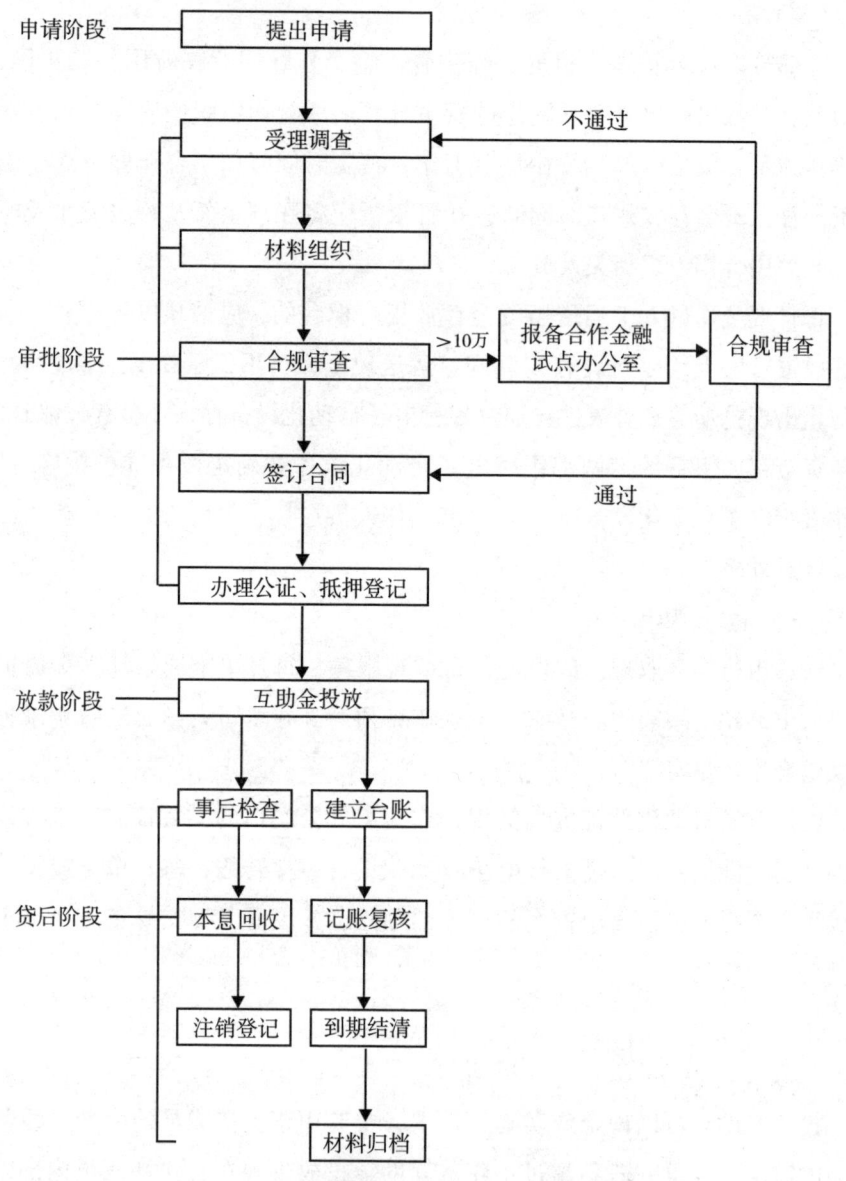

图 5-1 某农合联社信用合作互助金投放流程

① 申请。信用合作组织成员有使用互助金需要时须向信用合作组织提出资金使用申请，填写申请表。申请表为信用合作组织制式表格，内容包括申请互助金成员基本信息（需涵盖入社申请表相关内容）、当下财务状况、申请额度、用途、期限、偿还方式。

② 审核。审核分为初审和信用合作评审委员会审查两个步骤。

初审。信用合作业务负责人对申请互助金成员入户调查，进行初审，内容包括成员信用情况、家庭信息、经营情况、相关经济经营信息、以往互助金使用及偿还情况、拟担保或抵押情况等，初审通过后提交信用合作评审委员会。

信用合作评审委员会审查。信用合作评审委员会根据初审情况讨论决定是否同意放款，评审委员会决议实行集体负责制和一票反对否决制，获得评审委员会成员一定比例以上同意且无人投出反对票，本项成员互助金投放方可通过表决。评审委员会评审议程存档，信用合作监督管理委员会可随时抽查，有权独立旁听评审委员会决策并发表质询意见。

③ 办理放款。信用合作评审委员会同意放款后，向信用合作组织负责人出具放款通知，负责人在放款通知签字，信用合作组织与借款人签订成员互助金使用合同，向托管银行发出指令，向成员投放互助金。

（二）投放规模、比例及投放费率

按照小额分散原则，为控制风险，需要对投放规模及比例、投放费率等进行限定。

信用合作业务的投放总额需要按照当地主管部门的核定标准执行，一般对单一成员的投放总额不超过互助金总额的15%（归属同一"户"成员的投放总额一般也不能超过互助金总额的15%）。对前10大"户"投放总额一般不超过互助金总额的50%。

成员使用互助金应缴纳使用费，使用费率按成员信用等级实行差别化管理，标准由信用合作成员依法协商确定，但综合成本不得高于24%。①

---

① 《关于审理民间借贷案件适用法律若干问题的规定》"第二十六条借贷双方约定的利率未超过年利率24%，出借人请求借款人按照约定的利率支付利息的，人民法院应予支持"。

(三) 投放后管理

互助金投放后，信用合作组织应做好贷后管理，定期检查借款人还款意愿、还款能力及担保措施，评估借款人履约风险；提取风险准备金和一般准备金，并建立成员信用评级机制、风险应急预案。

风险准备金即资产损失准备金，指信用合作经济组织对互助金投放形成的信贷资产进行合理估计和判断，对其预计未来现金流量现值低于账面价值部分计提的、计入信用合作成本的、用于弥补资产损失的准备金。一般准备金是信用合作经济组织运用动态拨备原理，采用标准法计算风险资产的潜在风险估计值后，扣减已计提的风险准备金，从净利润中计提的、用于弥补尚未识别的可能性损失的准备金。

1. 计提风险准备金

首先，信用合作组织应按季分析投放金风险状况，以不低于当季投放总额的1%计提风险准备金，计入损益表。其次，每年年度终了，信用合作组织在可分配盈余中对风险资产按潜在风险估计值与风险准备金的差额计提一般准备（一般准备金=潜在风险估计值-风险准备金），计提总额原则上不低于当年度投放金期末余额的1.5%。

2. 建立风险应急预案

成员可以以劳务、分红、亲属代偿、担保赔偿、集体土地经营权或宅基地使用权赔偿等多种方式归还互助金。信用合作组织应当对互助金的使用和偿还情况等实施全过程监督，检查第三方保证人的偿付能力。成员未按照约定的用途使用互助金的，可停止发放或提前收回互助金。互助金到期未还的，加收滞纳金，并由互助金使用人承担由此造成的一切损失。发生上述违约的成员两年内不得再次申请互助金，情节严重的取消其成员资格。

如借款成员因为自然灾害、市场波动等不可抗力因素无法按时还款，但依然还有还款意愿，且在下一生产周期就可恢复还款能力的，可申请展期，经由评审委员会审核属实后，可延长还款时间，但须办理展期手续，否则按逾期处理。当成员因破产、死亡等确实无法偿还债务时，信用合作组织认定为坏账予以核销。信用合作组织在发生可能影响信用合作业务的重大事项时，应当立即采取应急措施，并及时向政府相关部门及供销合作社报告。一般情况下，信用合作组织互助金投放逾期率超过5%，监事会主持停业整顿，不再开展新的互助金投放业务；不良率超过15%，或经弥补后损失余额达到股本金60%以上的，应立即中止信用合作经营活动，召开临时成员（代表）大会决议是否终止信用合作经营活动。

3. 建立成员信用评级机制

即成员资信等级评定，主要依据成员的信用历史、家庭资产、收入等因素评定。成员资信等级是动态的、变化的，应当定期进行调整。成员资信等级是审核互助金投放的重要参考因素，信用合作组织应根据成员不同的信用等级设置灵活、差别的资金使用费率。

成员资信等级可采用"5221"信用评级标准，即以成员家庭诚信度、家庭资产、入股额和家庭纯收入四项指标，分别按50、20、20、10不同分值比重，测算出每户成员信用分值。根据信用分值，分别授予成员5星至1星不等的信用等级。信用等级对应的信用额度由信用合作组织根据自身情况制定。

四、分红

成员参与信用合作的分红包括年中经营期间估算分红和年末二次结算分红。信用合作组织在年度成员（代表）大会上，应确定次年年中经营期间估算分红的预期分红率和上一年度年末二次结算分红的结算分红率。例如，在2018年度成员（代表）大会上，应确定2018年度信用合作组织二次结算分红率和2019年度年中预期分红率。

（一）年中经营期间估算分红

在年度成员（代表）大会上，信用合作组织结合上年经营情况提出预期分红率。该分红率一般不超过本地农村商业银行一年期定期存款利率的20%，年终前退出信用合作的成员以此分红率结算年中经营期间估算分红。

年中经营期间分红是为弥补提前收回入社股金或退出信用合作业务的成员的分红亏损而设立的。成员如提前收回股金或者退出信用合作，不能享受年底结算分红，可以依据预期分红率，按照股金投入时间对成员给予合理补偿。

(二) 年末二次结算分红

年末根据本年度经营情况，经成员（代表）大会决议，根据当年盈余结算分红。

信用合作过程中产生的待分配盈余，按年度进行财务决算。在弥补以前年度信用合作业务亏损后，应提取部分盈余进行划转，用于补贴或投资生产部门、供销部门，成员教育培训，贫困成员救济等活动，划转使用方案未经成员（代表）大会审议通过，不得进行成员分红。在弥补以前年度亏损并划转后，提取盈余公积金和一般准备金，剩余为可分配盈余，以此进行年末二次结算分红。

可分配盈余按照成员与本社的交易量（额）比例和成员股金份额进行分配。按成员与本社的交易量（额）返还的总额不得低于可分配盈余的60%；成员的出资额和公积金份额，以及本社接受国家财政直接补助和他人捐赠形成的财产平均量化到成员的份额，按比例分配给本社成员。经成员（代表）大会表决同意，可以将全部或者部分可分配盈余转为成员积累。具体分配办法按照章程规定或成员（代表）大会决议确定。

五、监督管理

在信用合作经济组织内部，监事会按照独立性原则组织推选产生信用合作监督管理委员会（组成人员不能与信用合作业务相关人员重合），负责对信用合作业务的日常内部监督。

按照外部监管主体不同，信用合作业务的监督管理可以分为政府部门监管和供销社系统监督两个方面。

(一) 政府部门监管

政府部门监管是政府监管部门对信用合作经济组织的设立、登记、运营等方面是否合规进行的监管。具体包括是否经批准开展信用合作业务、是否在行政管理部门登记备案、是否按照相关法律、政策规定运营等。开展信用合作的合作经济组织要严格按照政府监管部门要求开展业务，配合相关政府部门监管履职。

（二）供销社系统监督

供销合作社应履行行业业务指导职能，对系统内信用合作组织进行行业监督。供销合作社要积极配合政府有关部门做好金融监管工作，同时加快构建供销合作社系统内部监督体系。要明确专门机构并综合运用统计、审计、监察等手段，充分利用互联网信息技术，建立风险排查机制，定期对金融服务组织和金融服务业务的风险情况进行摸底排查，对信用合作组织的不良率、逾期率等安全性指标进行重点关注，列出问题清单，实行台账管理，有针对性地进行督导管控。要指导信用合作组织按照审慎性原则，完善风险识别、评估、化解、处置和责任追究措施，逐步形成"政府部门监管、供销系统监督、经营机构内控"的风险管理格局。供销合作系统监管可组织供销社内部专业人员进行，也可聘请外部专业团队进行。

1. 监管内容

（1）出资人。一般情况下，县级及以上供销合作社直接或间接在信用合作组织出资额占一定比例，有实际影响力，信用合作组织可积极引进地方农业龙头企业、专业合作社、种植大户、村委会负责人等多方能人加入发起设立人团队，须明确各参与主体权利、责任、义务关系，明确县级及以上供销合作社对合作社开展信用合作服务具有行业指导、内部自律管理的权利。

（2）程序合法性管理。供销合作社合作经济组织申请开展信用合作业务时，主管供销社须检查成员（代表）大会决议，发起设立人出资承诺书、非借贷资金出资承诺书、守法经营承诺书、共担风险承诺书等文件。还应审查成员（代表）大会参会人数、召开程序、审议过程、表决程序、生效文本等是否符合《中华人民共和国农民专业合作社法》相关规定。

（3）业务运营管理。可通过检查、审计等方式对合作社日常业务运营的合法合规性进行监管，同时要与信用合作经济组织界定重大事项的范围，对业务中的重大事项进行审批。

（4）风险识别与评估管理。供销合作社应与开展信用合作业务的合作经济组织共同制定具有可操作性的重大风险问题辨识评估机制及处置预案，对各类突发风险情况做到事前有预案，事中及时响应，事后有追责。

2. 监管方式

供销合作社系统监管可采用一般常规检查辅导和特别专项检查辅导两种方式进行。一般常规检查辅导指按月或按季度定期对合作社信用合作组织进行检查和业务辅导；特别专项检查辅导指出现突发事件、经营不当等问题时，临时采取的检查和业务辅导。

（1）一般常规检查辅导。一般常规检查辅导每月执行一次，多年稳健经营且信用较好的合作社可按每季度执行一次，主要关注以下五个方面。

第一，合规经营方面。结合地方出台的农民合作社信用合作管理规定检查文字资料、资质文件是否完整齐全；尚未出台地方规定的地区，围绕社员制、封闭性原则，在不对外吸储放贷、不支付固定回报的前提下对成员入社手续、成员名册、信贷产品等经营合规性问题进行检查。

第二，成员教育方面。结合中央和地方出台的相关规定，通过组织成员大会、成员代表大会、合作社工作人员大会等形式进行宣传教育，强化成员风险意识。

第三，资金安全层面。柜面库存现金管理坚持超小额存放和不过夜原则，现金管理制度健全；检查互助金存管账户余额、流水与信用合作业务管理软件记载的余额、是否一一匹配；县级及以上供销合作社应配备具有查询账户余额、流水功能的信用合作组织互助金账户网银 U 盾，结合信用合作业务管理软件监管 U 盾进行不定期线上检查。

第四，信贷技术方面。帮助信用合作组织完善信贷技术，严格禁止无工作流程、无分层审批、绕过信用合作业务软件、绕过评审委员会评议的信贷项目发生。

第五，日常管理方面。信用合作组织是否按照业务标准分级管理，各级各项权限责任落实到人，并书面备案；信贷业务相关人员激励与惩罚机制明确，并以书面形式备案；全部高级管理人员签订承诺书、责任书。

检查辅导人员按检查辅导周期编制检查辅导报告，根据上述五个方面内容详载合作社信用合作组织资产情况、风险点、营运状况、财务及业务流程健康度等问题。

（2）特别专项检查辅导。一般情况下，合作社信用合作组织逾期比例超过 2%，或银行账户流水、余额与信用合作业务软件记录金额相差 5 万元以上，或其他主管供销合作社认为存在经营风险情况，应启动专项检查辅导。检查人员应全面审查信用合作组织当月经营文档，出席信用合作组织发起设立人会议、评审委员会会议及涉及信用合作内容的全部理、监事会议，在会上适当提出建议对策；督促合作社制订清收计划，跟踪清收进度，改善资产质量。

（三）信息披露

信用合作组织应建立信息披露制度，定期向主管供销社和监管部门内部成员披露相关信息。

信用合作组织应按照监管部门要求报送业务、财务报表和相关资料，并对所报资料的真实性、准确性、完整性负责。每季度将信用合作财务信息向成员公布一次，年度业务报告、盈余分配方案、亏损处理方案以及财务会计报告于成员（代表）大会召开前供成员查阅。信用合作组织还应将信用合作业务许可证件以及主要管理制度悬挂在经营场所明显位置，接受成员和社会监督。

六、业务终止

一般情况下，当信用合作业务出现成员人数少于5人、因不可抗力因素致使本组织无法继续经营或者信用合作组织成员共同决定解散时，经成员（代表）大会决议，报登记机关核准后解散。信用合作业务终止时，应当向相关部门及主管供销合作社报备，按《农民专业合作社法》相关规定推选成员组成清算组及时进行清算。清算组负责处理信用合作组织有关未了结业务，清理财产和债权、债务，分配清偿债务后的剩余财产，代表信用合作组织参与诉讼、仲裁或者其他法律事宜，并在清算结束时到市场监管部门办理注销登记，并予以公告。

清算组清理完债权债务关系后，应当对信用合作组织历史年度的运行情况、资金使用情况、收益管理情况、会计账表等进行全面细致的审计，对当年互助资金运营情况进行检查，对审计和检查出的问题，要在审计结束时同步完成整改。审计结束后，将成员交纳的互助金全部退还成员。互助资金运行过程中产生的公积金、社会捐赠资金等，经清算组决议并上报主管供销社后进行妥善处理。

七、供销合作社农村信用合作信息化建设

（一）信息化建设的必要性和目标

农村信用合作信息化是指以计算机、互联网为媒介，通过信用合作管理软件等实现信用合作业务办理、核算、数据分析、风险防范等方面工作的自动化处理。农村信用合作信息化建设的优势主要体现在以下几个方面：

（1）有利于提升农村信用合作业务效率。通过网络、计算机等现代化工具，可实现数据实时传递共享，实现业务处理自动化、管理信息化和决策科学化，为成员提供更加快捷方便的服务，大幅提高信用合作业务效率。

（2）有利于加强信用合作风险防控。通过信息化管理一方面可及时有效识别异常金融数据，预警风险；另一方面还可通过强制设置信用合作业务中各操作人员的岗位权限，实行嵌入式管理，对业务数据留存，追踪操作轨迹，降低内部管理风险。

（3）有利于外部监管规范化。信用合作信息化按照统一的标准设定业务规则和监督指标，能够及时适配政策要求，监管部门和供销合作社通过信用合作管理信息系统，可实时查询统计相关数据，平台可自动对比相关指标，实时推送辖区内信用合作业务中的异常交易、违规操作，实现实时预警，便于监管。

（4）有利于供销合作社系统大数据构建。信用合作业务信息化系统可提高成员信用交易信息积累数量和利用效率，同时可对接生产、供销、消费等功能，进而打造以农村信用合作为基础，涵盖农村生产、生活、电子商务等相关业务的信息链条，积累数据，为构建供销合作社系统大数据打下基础。

（二）信息化建设的目标

信用合作信息化建设要逐步达成以下目标：一是设计完备、规范的业务流程和操作程序，覆盖入社、入股、申请投放金、分红、退股、退社，以及财务管理各环节业务，规范一线工作人员操作，防范人为操作性风险；二是建立覆盖全国供销合作社的农村信用合作互联互通网络，实现"三农"大数据归集，助力农村信用体系建设；三是基于信息化设计，构架供销合作社科

技金融服务云，探索农村信用合作行业科技金融云平台与智能 AI 技术。

(三) 信息化建设实施

信用合作信息化建设主要包括以下几个步骤：

一是信用合作组织提出需求。

二是信息化建设承办单位根据需求与信用合作组织进行沟通，并签订相关协议，按照需求开发设计信息化管理系统。

三是完成信息化部署和人员培训。具体包括采购设备和票据、安排所需场地和人员、安装软件并调试设备和票据、现场实地对工作人员进行培训、考核，合格后正式实施。

四是信用合作组织接入上级监督端口。信用合作组织应预留监督端口，接入主管供销合作社和地方政府监管平台。

第六章　供销合作社农村信用合作会计核算与财务管理

信用合作组织要根据《中华人民共和国会计法》《中华人民共和国农民专业合作社法》、财政部《农民专业合作社财务会计制度（试行）》等法律规章，结合本组织的实际情况，制定会计核算与财务管理制度，加强和规范会计核算与财务管理工作。

一、基本要求

（1）信用合作组织必须对信用合作业务进行单独核算。

（2）信用合作业务的财务会计信息应定期、及时向成员公开，接受监督。

（3）信用合作业务的资产分为流动资产、固定资产和无形资产等。其中流动资产包括库存现金、银行存款、成员投放金、应收款项、存货等。

（4）信用合作组织必须根据有关法律法规，结合实际情况建立健全货币资金内部控制制度，建立货币资金业务的岗位责任制，明确相关部门和岗位的职责权限。收取现金时手续要完备，使用规定的收款凭证，所有现金及时入账，不准公款私存，不得超过规定限额。建立健全开支审批制度，严格开支审批手续。及时、准确地核算货币资金收入、支出和结存，做到账款相符。要组织专人定期或不定期清点核对库存现金，定期与托管银行核对账目。支票和财务印鉴不得由同一人保管。定期或不定期检查货币资金内部控制情况，对发现的薄弱环节及时采取措施纠正、完善。

（5）信用合作组织应当建立备付金制度。现金和银行存款等货币资金占成员互助金比率不得低于5%。

（6）信用合作组织的应收款项包括成员和非成员的各项应收款项及暂付

款项。信用合作组织应加强对应收款项的管理，定期检查应收款项收回的可能性，及时计提损失准备。

（7）信用合作组织应当建立健全向成员投放互助资金业务的内部控制制度，明确审批人、经办人的权限、责任和相关控制措施。加强资金投放合同、投放凭证等文件和凭证的管理。每年年度终了，对成员投放金进行全面检查，对于已发生损失但尚未批准核销的各项资产在资产负债表补充资料中予以披露。

（8）信用合作组织的负债分为流动负债和长期负债。流动负债是指偿还期在一年以内（含一年）的债务，包括期限一年以内的互助金、应付互助金利息、应付股利、应付工资、专项应付款、应付盈余返还、应付剩余盈余、其他应付款等。长期负债是指偿还期限超过一年（不含一年）的债务，主要包括期限一年以上的成员互助金等。

（9）信用合作组织以负债形式向本社成员吸纳的互助资金，应有明确的期限，中途不得随意退出。

（10）信用合作组织应当建立健全入股及吸纳互助金业务的内部控制制度。按照规定的程序办理入股（互助金）与退股（互助金）业务，在各业务环节设置相关的记录、凭证，并加强有关单据和凭证的相互核对工作。加强对入股（互助金）合同、验资证明、收款凭证、入股（互助金）发票等文件和凭证的管理。在办理退股（互助金）业务时，对入股（互助金）发票、结算凭证等相关凭证进行严格审核。

（11）信用合作组织的所有者权益包括成员入社资金、专项基金、资本公积、盈余公积、一般准备、未分配盈余等。

（12）信用合作组织的本年盈余按照下列公式计算：

本年盈余=经营收益+其他收入−其他支出

其中：经营收益=投放金使用费收入+存款利息收入−股息支出−管理费用。

（13）信用合作组织按下列顺序进行盈余分配：弥补本组织以前年度信用合作业务亏损；提取法定盈余公积金；提取一般准备金；按成员大会审议通过的标准分配红利；一般确保不低于可分配收益的40%作为未分配收益全额

计入成员积累；剩余部分可由成员（代表）大会决定是否向成员分配及分配方案。信用合作组织确定归合作社利润分配的部分，并入合作社财务报表中。

二、会计科目

（一）会计科目表

顺序号	科目编号	科目名称
一、资产类		
1	101	库存现金
2	102	银行存款
3	111	成员投放金
4	112	减：风险准备
5	113	应收投放金使用费
6	114	其他应收款
7	121	存货
8	131	对外投资
9	142	抵债资产
10	151	固定资产
11	152	累计折旧
12	153	在建工程
13	154	固定资产清理
14	161	无形资产
二、负债类		
15	201	成员互助金
16	211	应付互助金利息
17	212	应付股利
18	213	应付工资
19	221	应付盈余返还
20	222	应付剩余盈余
21	235	专项应付款
22	236	其他应付款

续表

顺序号	科目编号	科目名称
三、所有者权益		
23	301	成员入社资金
24	311	专项基金
25	321	资本公积
26	322	盈余公积
27	323	一般准备
28	331	本年盈余
29	332	盈余分配
五、损益类		
30	501	投放金使用费收入
31	502	银行存款利息收入
32	503	其他收入
33	521	互助金利息支出
34	522	管理费用
35	529	其他支出

（二）部分科目说明

（1）成员投放金：本科目核算信用合作组织借给成员使用的款项。信用合作组织应设置"成员投放金台账"，由出纳人员根据收付款凭证，按照业务的发生顺序逐笔登记。每日终了计算当日的投放合计数、收回合计数和账面余额。本科目的期末借方余额，反映信用合作组织实际投放给成员的款项数额。

（2）风险准备：本科目核算信用合作组织以不低于当季互助金投放总额1%计提风险准备。本科目是资产类的减项科目，余额在贷方。提取成员投放金风险准备，借记"管理费用"科目，贷记本科目。

（3）应收投放金使用费：本科目核算信用合作组织成员投放金，应按季或按年收取的投放金使用费。本科目应按借用资金的成员户逐笔计算并设置明细账。

（4）抵债资产：本科目核算信用合作组织的债务人、担保人或第三人抵偿债权的实物资产或财产权利。取得的抵债资产，应按其公允价值，借记本

41

科目。

　　（5）成员互助金：本科目核算信用合作组织以负债形式向本社成员吸纳一年以上（含一年）的互助资金。本科目期末余额在贷方，反映信用合作组织的互助金额。

　　（6）应付互助金利息：本科目核算信用合作组织吸纳成员互助金后，计提的应付利息。本科目的期末贷方余额，反映信用合作组织已计提尚未支付的互助金利息。

　　（7）应付剩余盈余：本科目核算信用合作组织以成员账户中记载的基础股金和法定盈余公积金份额按比例分配给本社成员的剩余可分配盈余。信用合作组织按成员存入本社互助金年积数返还盈余后，根据章程规定或成员大会（成员代表大会）决定分配剩余盈余时，借记"盈余分配"科目，贷记本科目。实际支付时，借记本科目，贷记"库存现金""银行存款""成员股金"等科目。本科目应按成员设置明细账，进行明细核算。本科目期末贷方余额，反映信用合作组织尚未支付给成员的剩余盈余。

　　（8）成员入社资金：本科目核算信用合作组织实际收到成员入社的基础股金。本科目设置"发起股"和"资格股"两个二级科目。信用合作组织收到成员以货币资金投入的股金，按实际收到的金额借记"库存现金""银行存款"科目，贷记本科目。信用合作组织按照法定程序减少注册资本或成员退股时，借记本科目，贷记"库存现金""银行存款""固定资产""存货"等科目，并在有关明细账及备查簿中详细记录基础股金发生的变动情况。本科目应按成员设置明细账。本科目期末贷方余额，反映信用合作组织实有的基础股金数额。

　　（9）一般准备：本科目核算信用合作组织从盈余中提取的，用于弥补尚未识别的可能性损失的准备。提取一般准备时，借记"盈余分配"科目，贷记本科目。

　　（10）盈余分配：本科目核算信用合作组织当年收益的分配（或亏损的弥补）和历年分配后的结存余额。本科目设置"各项分配"和"未分配盈余"两个二级科目。信用合作组织用盈余公积弥补亏损时，借记"盈余公积"科目，贷记本科目（未分配盈余）。按规定提取公积金及一般准备时，借记本科目（各项分配），贷记"盈余公积""一般准备"等科目。按成员互助金积数向成员返还盈余时，借记本科目（各项分配），贷记"应付盈余返还"科目。按平均量化到成员的基础股金和法定盈余公积金份额分配剩余盈余时，借记本科目（各项分配），贷记"应付剩余盈余"科目。年终，信用合作组织应将全年实现的收益总额，自"本年盈余"科目转入本科目，借记"本年盈余"科目，贷记本科目（未分配盈余），如为净亏损，作相反会计分录。同时，将本科目下的"各项分配"明细科目的余额转入本科目"未分配盈余"明细科目，借记本科目（未分配盈余），贷记本科目（各项分配）。年度终了，本科目的"各项分配"明细科目应无余额，"未分配盈余"明细科目的贷方余额表示未分配的收益，借方余额表示未弥补的亏损。本科目的余额为信用合作组织历年积存的未分配盈余（或未弥补亏损）。

（11）投放金使用费收入：本科目核算信用合作组织开展资金互助投放业务按期收取的投放金使用费。年终，应将本科目的余额转入"本年盈余"科目的贷方，结转后本科目应无余额。

（12）互助金利息支出：本科目核算信用合作组织吸纳成员互助金后，按期计提的按预期分红率计算的应向成员支付的利息。以负债形式筹集的各项资金，根据规定按月（或季）提取利息，计入当期成本。期末，应将本科目的余额转入"本年盈余"科目，结转后本科目应无余额。

三、会计报表

会计报表是反映信用合作组织某一特定日期财务状况和某一会计期间经营成果的书面报告。信用合作组织应按规定准确、及时、完整地编报会计报表，按要求向登记机关、农村合作经济经营管理部门、信用合作监管部门等单位报送，并及时置备于办公地点，供成员查阅。

信用合作组织应编制资产负债表、盈余及盈余分配表、成员权益变动表、科目余额表和收支明细表等会计报表。

（一）资产负债表、盈余及盈余分配表和成员权益变动表格式

1. 资产负债表格式

资产负债表

年 月 日

会农社 01 表

编制单位：   单位：元

资产	年初数	年末数	负债及所有者权益	年初数	年末数
流动资产：			流动负债：		
货币资金			短期借款		
成员投放金			成员互助金		
减：风险准备			应付互助金利息		
成员投放金净值			应付股利		
应收投放金使用费			应付工资		
存货			应付盈余返还		
流动资产合计			应付剩余盈余		
			其他应付款		
长期资产：			流动负债合计		
对外投资					
固定资产：					
固定资产原值			长期负债：		
减：累计折旧			长期借款		
固定资产净值			专项应付款		
固定资产清理			长期负债合计		
在建工程			负债合计		
固定资产合计					
其他资产：					
无形资产			所有者权益：		
抵债资产			成员入社资金		
长期资产合计			专项基金		
资产总计			资本公积		
			盈余公积		
			一般准备		
			未分配盈余		
			所有者权益合计		
			负债和所有者权益总计		

2. 盈余及盈余分配表格式

盈余及盈余分配表
年　　月　　日

会农社02表

编制单位：　　　　　　　　　　　　　　　　　　　　　　　　　　　单位：元

项目 本年盈余	金额	项目 盈余分配	金额
一、经营收入		三、本年盈余	
投放金使用费收入		加：年初未分配盈余	
银行存款利息收入		其他转入	
加：其他收入		四、可分配盈余	
加：投资收益		减：提取盈余公积	
减：营业支出		提取一般准备	
减：其他支出		盈余返还	
互助金利息支出		剩余盈余分配	
管理费用		五、年末未分配盈余	
二、本年盈余			

3. 成员权益变动表格式

成员权益变动表

成员姓名：　　　　联系地址：　　　　　　　　　　　　　　　　第　　页

编号	年 月 日	摘要	成员出资	公积金份额	形成财产的财政补助资金量化份额	捐赠财产量化份额	交易量	交易额	盈余返还金额	剩余盈余返还金额
1										
2										
3										
4										
5										
年终合计			公积金总额：				盈余返还总额：			

（二）会计报表附注

除法律法规另有规定外，信用合作组织的年度会计报表附注应重点披露以下内容。

（1）成员事项：理事长、理事、执行监事、监事会成员名单及变动情况；各成员的出资额、量化为各成员的公积金份额，成员的入社和退社情况；附加表决权总票数及其比例。

（2）其他重要事项：重大财产处理；大额投放；接受捐赠；国家财政支持和税收优惠；前10名大额投放项目，逾期、展期的投放资金金额及原因；提取盈余公积的比例；盈余分配方案、亏损处理方案；未决诉讼、仲裁等其他重要事项。

（三）财务状况说明书

财务状况说明书是对信用合作组织一定会计期间生产经营、提供服务以及财务、成本情况进行分析说明的书面文字报告。内容主要包括以下几点。

（1）信用合作组织经营服务的基本情况。包括信用合作组织的股本总额、成员总数、农民成员数及所占的比例、主要服务对象、服务项目、享受的优惠政策等情况。

（2）资金增减和周转情况。运用资产负债表中流动资产和流动负债有关项目对比，分析说明信用合作组织资金运营情况。

（3）风险控制情况：股金充足率；准备金总额及准备金比率；前10名大额投放金额及其占总投放的比率，占股金净额的比率；小额投放总额及其占总投放的比率；逾期投放资金总额及其占总投放资金比率。

（4）盈余实现和分配情况。

（5）运用资产负债表和盈余及盈余分配表的有关项目通过利润率、成本（费用）降低率、互助金分红率等指标分析说明获利能力以及盈余分配情况。

（6）其他重要事项。

四、会计凭证、会计账簿和会计档案管理

信用合作组织应按照《中华人民共和国会计法》《会计基础工作规范》和《会计档案管理办法》等规定填制、使用和保管会计凭证、账簿等会计档案。

会计凭证是记载经济业务发生、明确经济责任的书面文件，是记账的依据。信用合作组织每发生一项经济业务，都要取得原始凭证，并按照有关要求准确编制记账凭证，按规定手续和时间送会计人员审核处理，定期将已经登记过账簿的原始凭证和记账凭证分类装订成册，妥善保管。

会计账簿是记录经济业务的簿籍，是编制会计报表的依据。信用合作组织应设置现金日记账和银行存款日记账、总分类账和必要的明细分类账。对于不能在日记账和分类账中记录而又需要查考的经济事项，必须另设备查簿进行记录。

第七章 供销合作社农村信用合作风险及防控

在农村信用合作业务开展过程中,可能遇到对经营活动、业务操作及目标达成上产生影响、造成不确定性的事件,这种在一定环境下,一定期限内客观存在、影响业务进行的各类不确定事件即为风险。风险的发生存在着一定的规律,具有可识别性。在风险发生前,可基于以往的数据,结合理论和实践,运用各种系统性的分析,对所面临的风险进行判断、归类,这一步骤即风险识别。在风险识别后,根据风险成因采取不同策略,规避风险、降低损失即风险防范。在风险实际发生后,应针对已产生的损失进行补救,这一举措即风险处置。这一系列从风险识别到防范及最终处置的过程,构成了一个相对完善的风险防控体系。一般来讲,按导致风险的因素来源可将风险分为外部风险和内部风险。

一、外部风险及防控

供销合作社农村信用合作组织面临的外部风险主要由政策风险、市场风险、不可抗力风险构成。

(一) 政策风险

政策风险主要分两个方面。一是政策法律风险,指国家相关经济政策、法律法规发生重大变化,导致原有政策法律环境发生改变,或者原有惯例做法必须更改,对信用合作业务开展造成的不确定性。二是监管部门监管行为不当导致农村信用合作业务存在多头监管或者监管空白产生的风险。如在信用合作专门法律规定尚未出台的情况下,政府管理部门对信用合作业务的监管差异较大,存在监管过度或过松的风险。

应对政策风险的方法：一是密切关注国家宏观经济形势和政策调整，及时召集理监事学习政策法规，适时调整经营策略；二是聘请专业法律人士对具体业务进行指导，确保依法合规经营；三是积极与金融监管部门对接，主动报告运营情况，自觉接受监管部门监督；四是监事会定期对信用合作业务进行审计检查并将情况报送监管部门，使监管部门及时掌握信用合作业务动态，帮助信用合作组织防范应对风险。

（二）市场风险

市场风险指由于市场因素变化导致生产经营活动未达预期，出借资金无法足额收回，信用合作业务出现损失的风险。

市场风险主要分三种情况。一是行业风险（或市场价格风险），由于经济波动引起市场价格发生变化，或者自然灾害等引起市场供销格局发生变化，导致借款人没有足够的资金回流用来偿还债务。二是市场信息不完善风险，在市场诚信度缺失和信息不对称情况下，农民没有足够的信息来源对已经或将要发生的变化做出判断，导致其农产品不符合市场需求，不能取得预期经济效益，影响出借资金收回。三是市场管理不规范风险，市场管理部门的操作不规范，可能导致借款人生产销售计划遇到意想不到的困难，例如商标注册登记、销售许可审批时间过长等，使得原有生产销售计划受阻，从而影响出借资金回收计划的完成。[1]

应对市场风险的措施：一是开展订单农业，采取预购、预售等方式抵消农业行业性短期剧烈波动。为保障农产品上市及农资采购时期不遭遇农产品阶段性滞销及农资阶段性涨价，合作社可提前采取相关措施，如设立农产品最低收购价，预购农产品，建立冷库跨周期囤货以及预购农资等方式，在短期内就市场供需不平衡所引发的问题进行调控。二是因地制宜，采用新技术新手段，如温室大棚等实现反季节农产品种植，对生产计划进行调整，从而调控农产品的上市时间，避免同类农产品集中上市导致价格下降。三是关注市场动态，及时收集市场信息。在遇到重大市场波动时，积极组织社员预防

---

[1] 中国金融教育发展基金会山东金融工作办公室．山东省农民专业合作社信用互助业务实务读本．北京：中国金融出版社，2015．

由于供求变动引起价格大幅波动导致的风险,并提前制定应对措施。

(三)不可抗力风险

不可抗力风险是指在农业生产和经营过程中,遭遇严重的自然灾害、战争等人力无法控制的事件,造成大范围农户或农业企业的重大损失,信用合作组织会出现大批资金无法按时收回的风险。

对不可抗力风险,可通过投保的方式减少损失。极端情况下,不可抗力风险发生导致信用合作业务无法继续正常经营时,信用合作组织可依据章程终止业务,并及时上报上级供销社和监管部门。

二、内部风险及防控

信用合作组织所面临的内部风险按业务流程划分主要包括业务资格风险、成员资质风险、资金端风险以及资产端风险。

(一)业务资格风险

业务资格风险即信用合作组织的治理结构未体现合作性,不符合相关政策法规要求,导致合作经济组织不具备开展信用合作业务资质的风险。

业务资格风险主要包括三种。一是信用合作组织没有依法在相关部门进行登记并取得营业执照,导致业务开展未获充分行政许可;二是信用合作组织成立时,发起人未按要求以实名实缴方式出资,或出资额较高造成一股独大等情况,违背合作制原则;三是信用合作组织治理结构不符合《中华人民共和国农民专业合作社法》相关规定,导致监督制约不完善。

防范信用合作业务资格风险主要从两方面入手:

一是严格信用合作业务资格获取流程。按照《中华人民共和国农民专业合作社法》要求的流程,经社员(代表)大会决议通过,向主管供销合作社报送相关材料获得支持后,向政府相关监管部门提出申请,获批并得到许可资格后开展业务。

二是限制发起设立人权利。信用合作组织成立时,发起设立人应满足"发起设立人是以从事农业生产、供销等经营活动为其个人主要的工作"这一要求;业务经营中,一般情况下,发起设立人及其三代以内直系血亲使用资金时,应向成员进行专门的公示披露;信用合作组织解散以及清算之前,发起设立人实缴股金不能退出，但可将其实缴股金转让给其他成员；发起设立人如为营利性法人，其法人代表及其三代以内直系亲属申请借入资金统一按一"户"计算，加总以后要控制在互助金总额一定比例范围内。

(二) 成员资质风险

成员资质风险是指参与信用合作业务的成员入社程序不符合《中华人民共和国农民专业合作社法》规定，或成员与合作社无实质关联关系、成员内部性管理不明确导致的风险。

成员资质风险主要包括以下几种情况：一是成员与信用合作组织无实质性生产、供销等经营关系；二是成员地域分布与信用合作组织登记注册地明显不一致；三是未在监管部门对社员名册及变更明细进行备案。

预防成员资质风险，应加强成员档案管理，规范并完整存档成员入社申请书、身份证明文件、社员关联关系等书面材料。年龄未满16周不得吸收为信用合作成员；16周岁以上、以自己的劳动收入为主要收入来源的未成年人，可以吸收为信用合作成员；年满18周岁的成员可以成为信用合作业务的发起设立人，可以担任理、监事及信用合作中层及以上经营管理职务。

成员资质风险发生时，应及时处理。定期核查成员身份资质，对不合资质要求的社员及时清理除名；不具备资质成员数量超过10%时，监事会发起召开临时社员（代表）大会，集中办理除名手续，并提议改选理事会。

(三) 资金端风险

信用合作业务资金端风险是指在资金筹集、管理、分红等环节面临的风险。

资金筹集、管理环节面临的风险，主要是指信用合作组织经营过程中，为快速扩大经营规模，以高收益等方式违规吸收社员资金，未规范管理所筹互助金造成的隐患。包括成员未签订自愿承担信用合作风险书面承诺书；成员未实缴出资参与信用合作；向非成员募集互助金、分红；登记成员出资不规范；未对成员进行完整风险提示；互助金未统一存放银行进行托管；未建立规范的会计核算和财务管理制度；会计、出纳、审计岗位职责不清或出现人为失误、非法操作；互助金筹集、分红信息未按时、准确披露等。

为预防资金筹集过程中的风险，信用合作组织应制定完善的资金筹集、管理制度并严格执行，完善内控，加强对财务人员的管理，内部不相容岗位分离，会计、出纳、审计等岗位不得兼岗，形成内部制约关系；定期进行内部审计并形成审计报告及时提交社员（代表）大会审议等。

在分红过程中面临的风险是指信用合作组织向社员支付或变相支付固定回报，导致该业务违背"不支付固定回报"的红线，涉嫌非法集资。为预防分红风险，应于年初召开社员（代表）大会，参考往年经营情况初步估算经营期间分红率，并根据当地存款利率设定分红上限，年中有社员退出时根据估算利率对其进行结算分红，年底根据本年经营情况向社员进行年终结算二次分红。

（四）资产端风险

信用合作业务资产端风险是指在资金出借过程中出现的风险。主要包括借款人风险、资金用途风险、出借操作风险、担保风险等。

借款人风险主要是指借款人不是合作经济组织成员，或借款人身份资料不真实、使用他人（家人、朋友）身份或未经授权代理他人办理借款，或借款人还款意愿、还款能力出现问题产生的风险。预防借款人风险要认真核实借款人身份、婚姻状况、还款意愿、能力、还款担保措施等。

资金用途风险是指资金投放方向不符合政策法律要求，或借款人借入资金用途不真实，或借款人借入资金后中途改变资金用途产生的风险。预防资金用途风险要严格遵守信用合作相关政策法规和合作社章程，在资金使用合同中注明资金用途，加强对资金流向的管控，发现问题及时纠正。

出借操作风险是指负责借款审批的工作人员在业务操作中没有独立认真审核借款人资格、担保措施和担保条件满足程度、交易真实性，或对合同文本的审查出现失误、越权审批等产生的风险。预防此类风险要严格执行各项规章制度和业务流程，特别要注重对借款人背景资料、担保措施等关键因素的独立审查，不能完全依赖借款人提供资料和前期调查报告。同时，要加强对业务操作人员的培训，提升其工作技能。

担保风险是指在信用合作资金出借过程中，业务人员对担保措施未进行尽职调查，或资料收集不完善，导致担保措施不能发挥作用的风险。预防担保风险，需要业务人员在资金出借之前，对担保措施做好尽职调查，并在资金实际发放前，确保担保措施已按照法律法规要求办理好相关登记手续。采用成员联保形式申请互助金投放的，原则上单个成员担保上限不超过其在信用合作中出资金额的5倍，超过5倍的，成员应当提供其他增信措施。采用成员集体土地承包经营权和宅基地使用权抵押申请互助金投放的，抵押合同应由成员所在"户"户主及配偶共同签字同意，并约定抵押权履行期间成员"分户"的，"新户"自愿继续履行抵押合同。采用成员集体土地承包经营权抵押申请互助金投放的，对土地及地上附着物应分别签订抵押合同。成员借款担保人如有配偶，应由担保人夫妻双方共同书面同意担保。

为避免出借资金过于集中出现流动性不足，对单一成员的投放总额一般不超过互助金总额的15%。以"户"为单位，归属同一"户"成员的投放总额一般不超过互助金总额的15%。前10大"户"互助金投放总额一般不超过互助金总额的50%。互助金投放逾期率不超过5%，不良率应控制在15%以内。

信用合作业务资金借出后，要妥善保管借款合同等相关资料，保证出借资金档案的完整性和完好性，以利于保障借款回收过程中的权利，并作为借款人信用记录为后续业务提供参考。信用合作组织要定期检查出借资金使用情况，在对出借资金追踪管理过程中，如发现资金存在无法按时归还的预警信息时，应及时采取措施。如出借资金到期确实无法足额归还，应在法律许可范围内采取多种措施对资金进行追偿，可灵活接受社员以劳务、分红、亲属代偿、担保赔偿、集体土地承包经营权或宅基地使用权赔偿等多种方式归还资金，从而减小信用合作组织损失。如出借资金有抵押物做担保，在清理回收过程中，应向法院提交查封抵押物的申请，由法院主持对相应的债权纠纷的判断并进入执行程序。

第八章 供销合作社农村信用合作联合发展

一、联合合作的必要性

从国际信用合作组织发展的模式来看,都具有自下而上的信用合作体系。如德国建有呈金字塔结构的基层合作银行、地区性合作银行、中央合作银行的合作银行体系;美国建有中央信用联社,其职能是为美国全部地区信用联社提供资金调剂、资金清算、票据交换等服务;日本建有农林中央金库、信农联和基层农协。借鉴国内外金融组织的发展经验,结合供销社农村信用合作服务实践,适时构建信用合作联合发展体系,是完善信用合作制度建设,促进其规范发展的有效途径,符合信用合作发展的客观规律。

供销合作社系统农村信用合作组织股本金规模小,业务设计简单、内部控制不够规范、资金吸纳调剂规模不合理等问题在各地都不同程度地存在。同一地区的农民生产结构雷同,对资金的需求时间趋同,当农民社员集中从信用合作组织借款时,单个组织很难满足需求。为有效整合资源,防范风险,应探索构建农村信用合作联合体系,实现协作互助、信息互通、资源共享、优势互补,增强应对市场风险的能力。

二、联合合作组织结构搭建

(一) 联合合作组织体系搭建

信用合作联合组织可采用专业合作社联合社的组织形式,自下而上组建(图 8-1)。以县(市、区)供销社为主要发起人,乡镇开展信用合作业务的合作经济组织为社员,组建县(市、区)级农村信用合作联合组织(合作社联合社）；以市（州）级供销社为主要发起人，县（市、区）级农村信用合作联合组织为社员，组建市（州）级农村信用合作联合组织；以省级供销社为主要发起人，市（州）级农村信用合作联合组织或县（市、区）级农村信用合作联合组织（合作社联合社）为社员，组建省级农村信用合作联合组织。采取多级法人制，三个层级的联合组织均为独立法人实体。

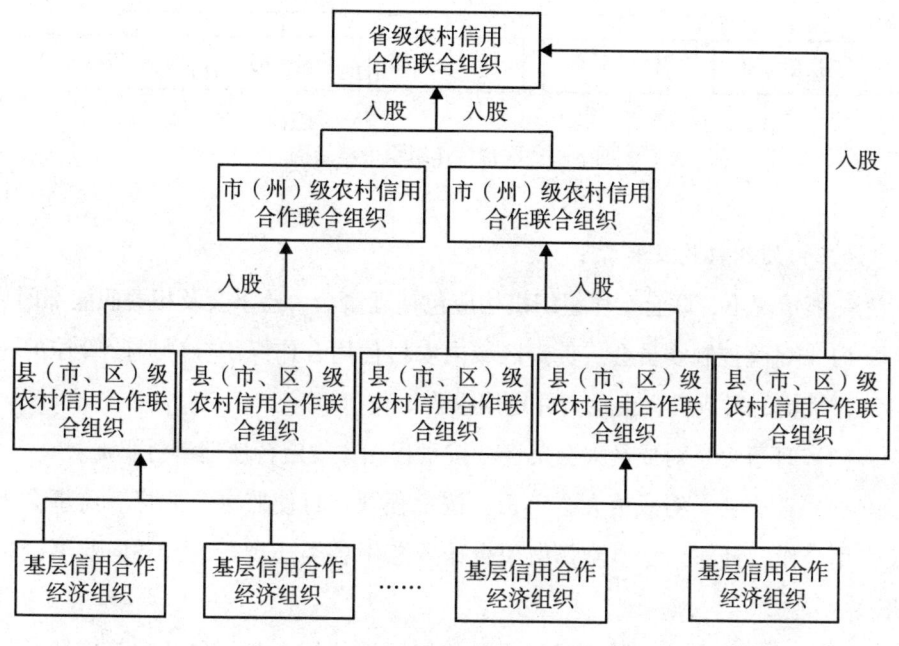

图 8-1 农村信用合作联合组织架构

（二）联合合作组织治理结构

联合合作组织需建立完善的治理结构，组建理事会、监事会、高级管理层和风险控制委员会（图 8-2）。联合合作组织职责包括宣传贯彻党和国家有关农村信用合作的政策、法律法规；制定信用合作组织战略发展规划；管理、指导、协调、监督体系内信用合作工作；组织体系内信用合作组织的资金调剂和融通；做好系统自律、风险防控、人员培训；各成员社业务辅导、财务及资金结算、审计；反映成员社诉求、维护成员社权益，代表成员社沟通协调与政府监管部门关系等。

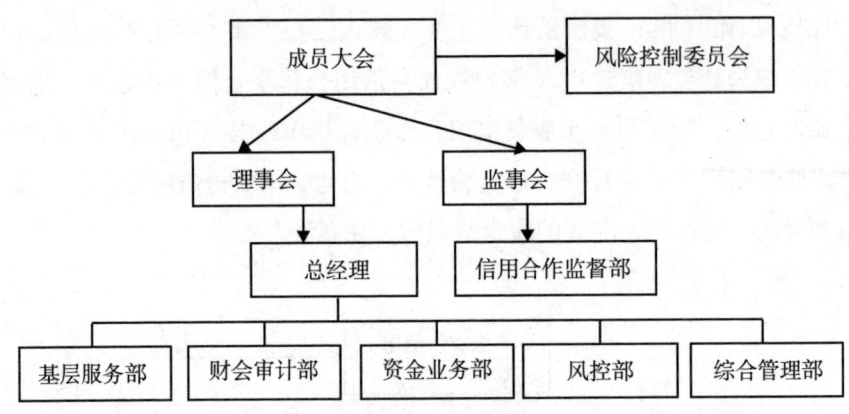

图 8-2 联合合作组织治理结构

（三）组织机构及职责

一般情况下，联合合作组织机构应包括理事会、监事会及相关职能部门。

（1）风险控制委员会。负责区域内农村信用合作组织金融风险管控的专门工作机构，对成员大会负责并定期报告工作。

（2）理事会。对成员大会负责，按章程相关规定行使理事会职责。

（3）监事会。对成员大会负责，按章程规定行使监事会职责。监事会下设信用合作监督部，专项监督信用合作业务中各类违规行为，并向监事会报告。

（4）基层服务部。负责辅导成员组织开展信用合作，包括政策辅导和经营辅导，成员服务等。

（5）财会审计部。负责成员组织财务内控管理、资金结算、联合资金调剂及定期财务核查和财务审计工作等。

（6）资金业务部。负责管理风险准备金、开展资金统筹调剂以及信用合作业务的创新、产品设计、开发，对接商业金融机构开展业务合作等。

（7）风控部。负责制定业务及风险协调发展规划，拟定内部风险管理政策、流程、风险评价标准及相关制度，制定风险控制指标及执行等。

（8）综合管理部。负责行政和人力资源等综合事务工作。

三、联合合作业务开展

(一) 总体原则

农村信用合作联合组织,应坚持平等自愿、合作共赢、利益共享、风险共担的原则。

(二) 业务开展

信用合作联合组织不以营利为目的,旨在为全体社员服务。各个层级联合组织,均实行独立核算,自主经营,自负盈亏,业务上相互依存,职能上互相关联、互相补充、互相配合。联合合作仅限于在同一行政区划内信用合作组织之间,开展业务一体化合作,提高整体抗风险能力,联合组织利用组织资金调剂、建立风险防范合作发展基金等方式对成员开展救助、风险补偿等 (图8-3)。

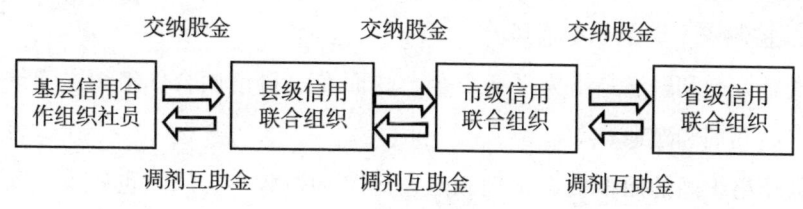

图 8-3 农村信用合作组织业务体系

(1) 省级农村信用合作联合组织业务范围。省级农村信用合作联合组织主要业务是对下级农村信用合作联合组织提供金融服务。具体为保存和管理下级组织交纳的风险准备金、开展资金调剂和资金融通,负责与商业金融机构的合作和业务往来,建立信用合作联合组织自律辅导机制,建立区域性信用合作发展基金,开展区域内信用合作业务应急救助,防控风险;反映成员社诉求、维护成员社权益,代表成员社沟通协调与政府监管部门关系等。

(2) 区域性农村信用合作联合组织业务范围。区域性农村信用合作联合组织包括市 (州) 和县 (市、区) 农村信用合作联合组织。主要业务是对下级农村信用合作联合组织提供金融服务。具体为保存和管理下级组织交纳的风险准备金、开展资金调剂和资金融通业务、对成员社开展审计和经营评估、指导下级农村信用合作组织开展业务等。

四、联合合作业务风险控制

加强风险识别预警，建立有效的风险防控机制，是农村信用合作联合组织的重要职责。

1. 加强风险准备金管理

风险准备金是指按农村信用合作组织吸纳股金余额一定比例提取的，用于赔付及弥补互助投放坏账损失的资金。

要制定完善的风险准备金管理办法，建立风险准备金管理责任制，对风险准备金的收取、管理、使用原则、办法、流程进行明确规范；建立稽核制度，严格管控欠（超）缴风险准备金行为，稳定互助资金的流动性和安全性；合理运作风险准备金，如投资稳健的金融理财产品等，确保资金保值增值。

2. 控制资金调剂和融通风险

资金调剂和融通是指为平衡资金余缺而在农村信用合作组织之间进行的短期资金调剂和融通。

合作组织间的短期资金调剂和融通风险种类较多，风险也较大，既有外部风险，又有内部经营管理风险，主要包括信用风险、流动性风险、市场风险与操作风险等。信用风险是客户未能履行约定契约中的义务而造成经济损失的风险，即受信人不能履行还本付息责任而使授信人预期收益与实际收益发生偏离的可能性。流动性风险是农村信用合作组织虽然有清偿能力，但无法及时获得充足资金或无法以合理成本及时获得充足资金应对资产增长或支付到期债务的风险。市场风险是由金融资产的价格变化而产生的风险，主要为利率风险。操作风险是农村信用合作组织由于内部操作流程不完善导致的直接或间接损失的风险。

应对资金调剂和融通风险的措施：一是综合评估信用风险。应坚持审慎原则，选择经营稳健、风险控制能力强、信誉度高的信用合作组织开展合作。信用合作联合组织制订准入退出标准，实行统一的名单制管理，定期评估，择优授信。建立风险预警机制，一旦发现风险苗头，经核实，存在突出问题的，应进行警示。二是严格监控流动性风险。一般情况下由信用合作联合组织集中调控流动性。应建立符合自身特点的资金头寸风险识别、计量、监测和控制体系，监测资金头寸变动情况，同时制定流动性应急处置预案。三是加强市场风险预测。适应市场变化，及时、主动调整资金融通调剂利率水平和规模。四是主动防范操作风险。要建立健全规章制度，强化制度执行力度，加强监督检查，严格责任追究。

五、联合合作财务管理

农村信用合作联合组织的财务管理，要以提高经济效益为中心，如实反映经营成果，维护社员的合法权益。主要包括筹资管理、营运资金管理、利润分配管理等内容。

（1）筹资管理。联合组织的资金来源主要包括成社员入社股金、相关部门投入专项资金等。为保证联合合作业务顺利进行，要通过筹资管理使资金规模适当、来源经济、结构合理、筹措及时。

（2）营运资金管理。联合组织的资金业务必须把防范风险放在首位，要根据农村信用合作组织的实际情况和调剂资金期限、数量结构，构建"安全性、流动性、收益性"平衡的资金营运指标体系。一是对于资金调剂和资金融通业务，联合组织应完善资金交割手续，如实反映资金投向和收益。二是对于自营投资理财业务，联合组织应依法划分交易性金融资产、持有至到期投资，并纳入交易账户和银行账户分开核算，以区别管理市场风险，审慎分配市场风险资本。

（3）利润分配管理。联合组织依法缴纳所得税后的余额为可分配利润。分配顺序为：弥补以前年度亏损、提取盈余公积、提取公益金、向成员社员分配利润，分配按照《农民专业合作社法》和联合社章程规定执行。

第二篇

案例篇

浙江省供销合作社信用合作情况

2014年浙江省农村改革试验区办公室下发《关于开展组建"三位一体"农民合作经济组织联合会试点的工作意见》（浙农试办〔2014〕14号）提出"构建农民合作金融体系的试点任务"以来，浙江省供销合作社在坚持会员制、封闭性原则，不对外吸储放贷、不支付固定回报的前提下，选择一批有条件的农合联成员合作社，组建农民资金互助会，为农民提供资金互助服务，现已基本满足了农民"小、散、频、紧"的资金需求。

截至2019年5月，浙江省供销合作社系统注册登记的资金互助组织128家，注册资金3.48亿元，会员5.01万人，吸收互助金5.11亿元。2018年全年累计发放互助资金6939笔，13.16亿元。

一、运营方式

1. 直接发放互助金模式

即会员提出互助金申请，农民资金互助会对互助金用途、保证人、还款能力等给予综合评估核准后发放。目前，全省农民资金互助会大部分以资金直接互助调剂模式为主。这类互助会主要集中在温州、台州。最大的优点是互助金发放流程相对简单快捷，且农民资金互助会拥有的经营自主权较大，不足之处在于，一是经营风险较大，二是运营成本较高，三是无银行放大杠杆，资金总量有限。

2. 担保贷款模式

这种模式下，农民资金互助会将筹集的入会金（互助金）存入合作金融机构，由合作银行对农民资金互助会的业务运营进行管理，农民资金互助会为会员在合作银行的贷款提供担保。会员需要贷款时，提出申请，农民资金互助会审核后推荐给合作银行，合作银行进行贷前评审、贷款发放和贷后监管。这类业务模式的特点是可以享受银行的科学运行机制、优惠利率、风险共担、损失弥补等，但放款程序不如直接发放简便，需要审核周期更长，还会相应减少农民资金互助会的资金占用费（利息）收入。目前这种方式贷款增幅较为显著。

3. 两者兼有模式

即农民资金互助会既直接发放互助金，又开展担保贷款。近年来，新注册的农民资金互助会普遍采用两者兼有的模式进行运营。如义乌花卉行业资金互助会以互助资金中1000万元用于与市农商行开展贷款担保，农商行以担保资金放大5倍进行授信，解决了会员长期大额的资金需求。同时，对会员小额、临时性周转用款，由农民资金互助会向会员提供互助金。

二、服务范围

1. 在单个农民专业合作社内部

以单个农民专业合作社为单位，在内部社员间开展信用担保、社员互保等形式的资金互助，这是目前浙江省绝大多数农民资金互助会的实施形式。

2. 由多家农民专业合作社联合合作

即由多家农民专业合作社或专业合作社联合社（协会）联合发起组建资金互助会。由于涵盖了多家或者多种行业的农民专业合作社，突破了农民资金互助会在单个行政村或单个行业的限制。比如，衢州柯城区九华乡妙源村乡亲农民互助会就是以单个行政村为单位发起设立资金互助会，丽水云和县农民资金互助会甚至是以整个县域为单位发起设立资金互助会。

3. 适时成立组建资金互助会联合会

按照浙江省委17号"三位一体"改革文件要求，"省市县组建农民资金互助会联合会，承担农民资金互助会的资金余缺调剂、运行安全监督、资金保值增值、风险防范救助等职责"。2017年10月，温州平阳县成立了县级首家平阳县农民资金互助会联合会，探索开展互助金余缺调剂业务，将10%的备付金缴存到资金互助会联合会作为入会资金，实行统一调配。截至2018年11月底，资金互助会联合会共有会员65个，入会金514.5万元，互助金余缺调剂业务发生额达到2240万元，解决了各互助会的临时资金周转需求，提高了辖内互助金的使用效率，也进一步增强了互助金风险防控能力。

三、管理模式

浙江省农民资金互助会实行金融办审批监管、民政部门注册登记，明确县级政府是农民资金互助会监督管理、风险防范处置的第一责任主体，建立了会员民主监督、互助会自控管理、供销社（农合联）内部监督、金融办业务监督的监管体系。各地政府积极强化资金、人才、场地等方面的工作保障。具体运营过程中，资金互助组织自身负责业务决策、账目管理，由农信机构为资金互助组织提供开户结算、资金托管、借款复核、渠道支付、信贷融资、技术支持、信息管理、财务管理等服务，依托各级农信机构共同推行"账款分离""见账不见钱"的运行机制。

安徽省黄山市供销合作社资金互助情况

近年来，安徽省黄山市坚持"社员制、封闭性、区域性、安全性"原则，稳步开展农村合作金融服务，创建了被新华社称为"升级版"农村资金互助的"黄山模式"。

创新股权投资模式。2014年11月，由黄山市供销集团、黄山农投和安徽省供销合作社社有企业德善小贷三家企业作为主发起人，引入民营资本，成立了黄山市供销农副产品投资发展有限公司（以下简称"市投资公司"），注册资本5000万元，省、市社属企业控股61%，民营资本占股39%。以市投资公司作为投资主体，各区县分别组建供销农副产品专业合作社（以下简称"区县合作社"），注册资本500万~1000万元不等，由市投资公司控股51%，区县供销合作社及民营资本占股49%。市投资公司对七个区县合作社控股51%，各区县合作社理事长同时向市投资公司参股。

引入资本金制度，防止社员利益受损。黄山市供销合作社牵头开展供销农村资金互助时，引入了资本金制度，同步配置了风险金制度。这两项资金的叠加使用起到了"稳定器"和"压舱石"的作用，有效规避了以往资金互助"小、散、乱、弱"等问题，牢牢把控风险，保障了社员利益，确保企业的可持续发展。

实行"五统一"管理。2015年在7个成员社的基础上，成立了黄山市供销农副产品专业合作社联合社，依照联合社章程，以一级法人模式对区县内部资金互助业务实行企业化管理，做到"五统一"，即"统一黄供信合品牌""统一联合社平台""统一风险防控""统一法人管理""统一管理制度"。

建立"两化"风险防控体系。通过监管办法制度化、风险防控数字化，探索建立系列风控措施，防范运营风险，形成了严监管、多层次的风险防控体系。

开发系列为农服务产品。陆续推出了"茶农借""林农借""农地借"等十多项为农服务产品。结合黄山农情，围绕服务产品，采取了农产品抵押、鲜活水产品仓储抵押、粮食仓单质押、茶票质押等灵活的组合抵（质）押担保措施，发放贷款。2018年在黄山休宁选择两个村试点，摸索解决农村社员无担保、无抵押物不能借款问题，真正打通农村金融服务"最后一公里"，探索营造更加良好的农村金融服务生态环境。

致力于管理信息化水平提升不断升级资金互助业务软件、财务软件。对借款社员的抵押动产、七个区县社营业网点的运营情况等实施实时监控，不断提升办公信息化、服务信息化和业务信息化水平。

黄山资金互助组织由供销社牵头组建、农委负责前置许可、工商依法登记、金融办牵头监管，各部门分工负责，避免了多头监管、互不担责的现象发生。

截至2018年10月，黄山市资金互助组织先后对近5000个涉农项目进行了扶持，累计投放互助金借款24亿元，并积极参与金融扶贫，累计发放扶贫借款近3000万元，扶持了以乡村旅游、茶、种植为代表的特色产业，以实际行动促进"三农"发展。

山东省招远市供销合作社推进信用合作业务试点工作做法

招远市供销合作社作为山东省新型农村合作金融首批试点县市区，截至2018年底，已有11家合作社取得地方金融监管局试点资格证书，参加信用互助社员625人，累计发放互助金323笔，共计1158.7万元，满足了部分社员小额、急需的资金需求。出资社员平均年分红率在5%左右，参与出资的积极性得到保护。具体做法如下：

一、走稳运营"步伐"

（1）确定试点单位。在反复梳理、考察、调研的基础上，确定顺丰植保和联蕾果品这两个信用度较好、规章制度比较健全、业务经营规模比较大的合作社作为信用互助业务的首批试点社。

（2）成立辅导小组。与招远市金融办联合成立了辅导小组，起草了《招远市农民专业合作社信用互助业务试点工作方案》，制定了《信用互助业务试点工作辅导方案》，对试点的内容、方法、步调做了详细规划。

（3）科学选择运营模式。信用互助资金归集账户由社员自己掌握或由银行代管。申请户经审核后由合作社按次序指定认缴户进行资金归集①和发放借款，互助资金3个月、6个月、12个月分别按年息6%、8%、10%收取使用费，年终由合作社按出资人、出资时间、额度进行分红。社属企业领办的合作社实行"实缴制"。社员直接将资金存入托管账户，合作社根据社员借款申请，归集和发放资金，并按年息12%收取使用费，合作社年末进行分红，由于合作社社员均为果品种植、收购户，用款户在资金申请时，既可采取社员担保的形式，也可以入库果品为抵押进行季节性贷款，果品出售后，按期还款。

---

① 山东省农民专业合作社信用互助业务试点管理办法规定不设资金池，有资金使用需求时再进行资金归集。

（4）探索实行备用金制度。在泽农粮油合作社设立"信用互助备用金"，由理事长牵头，部分社员参与出资，并将预存的互助金置于合作社托管账户，实行统一监管，实现了部分信用互助金由"认缴制"向"实缴制"的转变，缩短了资金的归集发放时间，使信用互助更加方便、灵活、快捷。

二、探索更灵活的业务模式

（1）完善资金归集方式。在坚持信用互助基本原则和社员自愿前提下，为了更快的发放互助金，采用"认缴制"方式的合作社可以按实缴方式提前归集资金，但不得超过互助金限额的20%。

（2）放宽借入借出比例。法人社员出资占互助金限额的比例上限由10%提高至20%；单个社员使用互助金占互助金限额的比例上限由5%提高至10%，但使用互助金占比超过5%以上的社员，其使用互助金的余额合计不得超过互助金限额的40%。

（3）提高社员出资额度。将单个自然人社员出资上限由不超过所在县上一年度农民人均纯收入的3倍提高至5倍，最高不得超过10万元。

（4）扩大互助金的用途。在满足社员生产经营性资金需求的情况下，将不超过限额20%的互助金用于社员购买电器、修缮房屋、子女教育等消费性资金需求。

三、依规规范，确保试点"长寿"

招远市供销合作社在工作中确定了"556"运作模式，即坚持**五条原则**：一是社员自愿、民主决策。对社员参加互助业务实行入社自愿，退社自由。有用款需求时提出申请，合作社评议小组对授信额度、借款申请进行集体评议审核。二是内部互助、封闭运行。资金提供与使用必须限定在社员内部，扎住"两头"，封闭运行，严控资金流向。三是小额分散、风险自担。在资金发放上，坚持资金小额分散，互助社员风险自担。四是独立核算、公开透明。建立健全与信用互助业务试点相适应的财务、会计制度，遵循审慎的会计原则，合作社信用互助业务单独记账，独立核算，实行双套记账办法，即托管银行一套，合作社一套，托管银行与合作社一月一对账。合作社社员出资情况、借出资金一季度一公示。五是稳妥推进、规范运营。指坚持成熟一家，发展一家，逐步推进，不急于求成，不搞"一刀切"。

把握"五个关键"：一是社员资格。参与信用互助业务的社员必须为具有农民专业合作社社员资格1年以上。二是授信评议。资金使用评议小组对社员的出资情况、信用状况、资金需求和使用成本每年公开评议1次。三是出资额度。严格按照鲁金办法〔2017〕8号文件精神执行。四是专款专户。合作社及其社员必须在指定托管银行开设专用账户，一人一户，资金必须通过专用账户进行结算转账，不得现金交易。五是盈余分配。合作社单独组织编制互助资金年度盈余分配方案、亏算处理方案以及财务会计报告，供社员查阅。

规范"六步流程"：一是授信评议。社员提交互助金申请表，资金使用评议小组进行调查，召开授信评议会议，集体决议对每位社员的授信额度和期限。二是借款申请。有资金需求的社员应当以书面形式向信用互助部提出申请，填写《互助金使用申请表》，并附相关证明。三是借款调查。对借款申请的社员是否具有借款需求、偿还能力、逾期风险等方面进行调查。四是借款审批。根据调查情况，资金使用评议小组召开专门会议进行审核审批。五是借款划转。合作社按照议定的顺序确定出资社员，向托管银行发出转账指令，完成借款归集发放。六是借款检查。合作社安排专人定期对借款用途、使用情况和借款人生产经营状况进行检查。

山东省临沂市河东区供销合作社农村合作金融做法

山东省临沂市河东区供销合作社于2006年开始探索信用互助业务。经过十余年的发展，积累了很多经验做法，其中"大小联合"的发展模式和"一二三四五"的监管经验尤为突出。

一、"大小联合"

"小联合"是在供销合作社领办创办的农民专业合作社内部，在开展生产合作的基础上，按照"社员制、封闭制、不支付固定回报"原则，同步开展社内信用互助业务。"大联合"是指通过供销合作社主导，建立亿嘉农林牧专业合作联合社，联合社与合作社相互入股，互为社员。联合社利用不同合作社用款季节性差异，调剂各合作社的资金余缺，充当蓄水池，提高资金使用效率。

二、"一二三四五"的监管经验

一个核心——河东区供销合作社信用互助管理委员会。委员会由区社领导班子、相关科室负责人以及系统内开展信用互助业务的专业合作社理事长共同组成。委员会负责指导系统内信用互助业务的开展以及对互助资金运转使用等情况的监督指导。

两个机构——审查办公室和监督管理办公室。信用互助审查办公室人员主要由财务、审计、法务等人员组成，主要审查信用互助业务的投资方向、投资额度、保证措施、借款手续、借款备案等，确保借款及时足额收回。监督管理办公室负责全系统内信用互助业务的日常监督、管理、审计、指导等工作。监管工作保持每月两调度一分析，每季一交流，坚持每月一小审、每季一大审，发现问题限期改正，有效防控风险。

三项原则：一是坚持社员民主管理原则。引导合作社建立规范的民主管理制度，通过社员代表大会、资金评议小组会议、专业合作社监事会三种方式，实行民主决策，加强社员监督，维护社员的参与权、知情权。二是坚持"三责一体"的负责人选聘原则。信用互助业务负责人既是领办、创办专业合作社的负责人，同时也是系统内生产经营业务发展较好的龙头企业、基层社的负责人，"三责一体"使得信用互助业务与生产经营牢牢捆绑在一起，有效降低了资金运营风险。三是坚持"三金抗风险"原则。开展信用互助业务的专业合作社，根据资金规模状况，预留适当的备付金，并将互助金总额的10%上存至合作联合社作为信用互助准备金，同时每年提取一定的业务积累金。

四条标准：一是在生产经营基础上开展信用互助业务。实行无生产经营业务"一票否决"制度。并鼓励各合作社互助金除服务自身经营业务以外，积极拓展农产品生产经营产业链。二是规模适度。按照山东省政府相关要求，确保规模符合合作社生产经营业务需要。三是社员登记。按照社员制、封闭制要求，所有入社社员必须全部入股并按照规定在工商部门进行登记备案，合作社向已批准入社社员颁发记名社员证。四是责任到人。按照"谁主办、谁负责"的要求，严格落实岗位责任制，按照理事长、业务人员、会计人员岗位不同，制定不同的考核办法，确保职责清晰、责任到人。

五个统一：一是管理制度统一。制定了《河东区供销合作社信用互助监督管理办法》。涵盖社员管理、股权管理、组织管理、经营管理、财务管理、风险管理等11个方面，细化信用互助业务管理，建立起比较完善的运营规则和监管机制。二是人员调配统一。实行信用互助业务人员统一管理，集中招聘、培训上岗，对人员的档案、岗位配置、任职委派进行动态管理。三是业务办理统一。市供销社连同软件公司联合开发信用互助管理软件，并主动跟进政策变化，及时对软件进行更新，在全市范围内统一了信用互助业务操作规范。四是借款流程统一。理顺了社员办理互助金借出业务的9个步骤，规范了社员用款申请、业务考察、评议、签批、审批、担保、借款等一系列手续，从借款流程上做到了全系统的统一规范。五是考核培训统一。定期组织季度交流和专题培训。并选取经验丰富、业务水平较高的从业人员参与审计，在系统内交流传授优秀管理经验，促进全系统业务水平共同进步。制定考核管理办法，对信用互助业务和从业人员进行考核。

江苏省滨海县中淮农综社"三位一体"综合服务

江苏省滨海县中淮农民综合服务专业合作联合社（简称"中淮农综社"）由滨海县滨淮供销合作社牵头，于2016年10月在滨海县市场监督管理局注册成立，注册资本300万元，现有社员1500人，在提供全程机械化综合农事服务的同时，开展农村合作金融服务，打造生产、供销、信用"三位一体"综合服务平台，成为小农户与现代农业有机衔接的重要载体。主要做法如下：

（一）整合资源，将农机"零星服务"变成"规模服务"

吸纳农机专业合作社、农产品专业合作社入社，组织开展机耕、机插、机收等一系列农机作业、农业生产资料、技术交流和咨询等综合性服务，为社员提供多种服务，为合作社规模化经营创造条件。

（二）联合合作，将民间私人借贷变成资金互助合作

2012年，滨淮供销社以领办的惠农农产品专业合作社为载体，对入社农户开展资金互助服务，并严格按照"社员制、封闭性、不对外吸储放贷、不支付固定回报"的原则运营。将资金互助与农资供应和粮食购销相结合，既扩大了农资占有率，又方便了生产经营主体。成员单位在需要资金时，必须在中淮农综社信用合作部开通资金账户。在粮食收购高峰期，由村粮食收购合作社先报预算，粮食合作社自筹70%的资金并存放在中淮农综社信用合作部开设的资金账户上，粮食收购时由农综社信用合作部将社员粮食款直接打在社员账户上，粮食合作社销售粮食资金直接打在其农综社开设的账户上，资金不足部分可向农综社借款（最高可借30%）。

（三）创新业态，将为农单一服务变为综合服务

组建消费合作联盟，向农综社社员发放500多张"供销一卡通"，为社员办理现金存取、代缴代扣等业务。社员持卡还可在农田生产、超市购物、信

用服务等方面实行刷卡消费，并享受低于市场价5%~10%的优惠。同时，社员还开通手机APP业务，持卡者可随时查看个人存贷、缴费和消费情况。另外，利用与农综社合作的大型超市以及周边超市农产品专柜，搭建"农超对接"桥梁，组织部分小面积种植户农副产品直接进超市，减少了中间环节的运营成本，受到种植户和消费者的普遍欢迎。实行"镇有农综社、村有综合为农服务社、农户集中居住点有服务门市"的综合服务网络，成为农民生产生活的好帮手。

安徽省阜阳市金牌养鸡专业合作社"三位一体"融合发展

安徽省阜阳市金牌养鸡专业合作社开展生产合作、供销合作与信用合作，促进"三位一体"融合发展。

（1）生产合作，向本社社员"三提供三回收"，即提供鸡苗、提供饲料、提供技术；回收鸡蛋、回收淘汰老母鸡、回收鸡粪，为社员提供保障，创造无忧的生产条件。

（2）供销合作，主要是通过众筹的方式为消费型社员提供安全的鸡蛋，并可获得年5%的分红，消费型社员不仅吃到了安全食品还得到了资金收益。

（3）信用合作，部分生产型社员将合作社支付的回收淘汰老母鸡的款项，以信用合作互助股金的形式入股合作社，半年后下批鸡产蛋高峰期取出投入生产，在此期间可将资金投放给其他社员使用，用于购买玉米、豆粕等物品，社员闲置资金得到了高效利用，还获得了额外分红。

江西省新余市民钰种养农民专业合作社信用合作实践

江西省新余市民钰种养农民专业合作社成立于2014年2月，注册资金3050万元，是国家级农民专业合作社示范社，**合作社坚持生产、供销、信用"三位一体"综合合作**，开展资金信用合作、农资服务、农田托管、生活用品供应、粮食加工、销售等业务。2016年12月被江西省供销合作社纳入信用互助试点单位，2017年4月经新余市渝水区人民政府批准同意开展农民专业合作社资金信用互助试点。主要做法如下：

一、精准定位，实现与实体经济深度融合

坚持信用互助应以实体经济为支撑，服务于农村生产经营，把信用互助作为吸收农民入社、参与合作社生产经营的桥梁和纽带。强化两项定位：一是大力发展农业"种养加"产业项目，带动社员共同致富；二是强化信用互助微利定位，不以营利为目的，将信用互助作为解决部分社员项目融资难问题的手段，为扩大产业项目规模经营提供有效资金供给。

（1）发展"种养加"产业项目，大力开展大田托管、农资配送、农机服务、农产品购销加工等一条龙服务。合作社对罗坊镇7500亩社员农田实行半托管服务，"种子、农技、农资供应、粮食烘干、销售"五统一、全流程介入，打造种养殖基地，创建"民钰"品牌，合作社种植基地成功申报农业部无公害粮食生产基地。为社员提供全方位的"保姆"服务，帮助社员实现无忧种植，又帮助社员增收节支，双管齐下帮助社员致富。

（2）产融结合，推动信用互助工作试点稳步开展。农村老百姓普遍想找准项目发家致富，但是缺少资金，对资金互助有迫切需求。合作社顺势而为，帮助有资金需求的社员找出路，帮助缺资金的社员找资金，带领社员创办了一批"种养加"项目，合作社凝聚力增强了，业务得到了快速发展。

二、强化风险防控，合规运行

坚持自愿参与、民主管理、封闭运行、服务农业、吸股不吸存、分红不分息原则，根据试点管理办法，设立了合作社柜员操作部、风险控制部等合作社内部机构，制定了入社制度、财务管理制度、业务操作制度、风险管控制度等规章；对参与信用合作的社员资格进行规范审核、严格把关，参加信用合作的社员目前均是罗坊镇农民或在罗坊从事农业生产的农民，在合作社入社1年以上，且全部报渝水区金融办备案。在互助金发放前、中、后期各个阶段都制定了严格的操作规程，每个环节均留存书面文档。聘请法律专家完善把关，规范了信用互助金发放合同，完善了操作手续；严格限制互助金使用范围，借款人偿还能力较差、有不良嗜好、在银行有不良信用记录等情况不予以借款。针对种粮大户所借资金，合作社运用"以粮还款"模式，与种植大户签订粮食回收订单协议，种粮大户以粮食作为资金风险保障。同时引入水稻意外保险、人身意外保险等保全措施，确保社员资金不受损失。为加强外部监管，合作社与渝水区政府金融办、九江银行签订三方合作协议，九江银行每月向监管部门报送资金存放表，掌握资金流向，请第三方和政府监管部门帮助把控资金投放风险。

中合联投资有限公司
开展农村合作金融工作情况

中合联投资有限公司（以下简称"中合联"）是中华全国供销合作总社属企业，为贯彻落实中发［2015］11号文件精神，加强农村合作金融领域工作，中合联招聘了多名有农村金融领域工作经验、充满为农服务情怀的专业人员，组建团队，为供销合作社开展信用合作业务提供一揽子服务，目前已逐步建立起集理论研究、培训指导、一线实操、科技支撑等为一体的农村合作金融业务体系。

一、信息化体系建设

中合联组建信息技术部门，组织专业IT研发团队独立开发了农村信用合作业务管理软件。该软件面向监管部门、合作社管理人员及社员等，功能包括信用合作、成员管理、财务管理、股金消费、手机APP、粮食统购统销、统计分析、监管分析等十项核心功能。监管部门可通过监管功能对所有使用该软件的合作经济组织进行业务查询，跟踪并监管资金流向。开展信用合作的合作经济组织可通过该软件实现股金管理、互助金存款管理、互助金贷款管理、互助社报表管理、各类型账户查询、利息计算、凭证管理、日终处理等功能。

为保证数据的安全性，公司搭建了统一的后台数据中心，全部签约对象的农村信用合作交易数据统一存储在经中国银保监会备案、存储商业银行金融数据的专业机房，严格防范恶意软件与黑客攻击，防止数据泄密。中合联公司采用分布式技术构建软件平台，客户端采用64位加密技术的U盾认证机制确保平台数据安全，对外提供服务的平台系统采用高性能防火墙和IPS做安全保障，建立稳定、高效、安全的运行机制。各签约单位信用合作交易通过软件操作后，成员的入股数据、成员档案管理、互助金交易数据、投放金交易数据都保存在后台数据中心，当运营单位出现停电、宕机、火灾等特殊情况时也能保证业务数据的安全性与完整性。中合联还制定了软件使用规范及软件操作使用视频和教学资料，并为每家签约单位派出专业培训人员进行现场辅导，确保工作人员学会并熟练操作。

二、行业自律体系建设

其包括两个方面，一方面是及时对涉及行业的法律、法规、政策进行总结梳理，做好贯彻执行。另一方面是制定行业内的行规行约，以实现"合作社自我管理为主，主管供销合作社监督为辅，中合联客观第三方给予风险提示与规范意见，防范合作金融风险，促进合作金融规范发展"的目标。目前，公司已制定了162项自律管理指标。其中经营决策类项目34条，涵盖合作社开展信用合作过程中的民主决策、理事会议、监事会议、社员借款审核委员会议、程序性要件、结果性要件、社员（代表）大会等方面；社员借款类项目49条，涵盖岗位职责分工、信用社员评级打分体系、借款的五级分类体系、风险备付金、流动性风险准备金等方面；财务管理类项目36条，涵盖财务岗位的职责分工、权责明确、财务工作流程、财务监督等方面；基础设施类项目43条，涵盖基础设施配置、装修、社务公开、安全保卫、发起人条件等方面。

中合联每年组织一期自律检查，组织相关专家学者到基层合作金融组织进行打分评级，评级越高代表合作社发展越规范完善，对于评级低的中合联将对主管供销社及合作社进行风险提示并提出整改意见，确保合作社发展逐步规范。

三、培训体系建设

中合联利用自身研发资源积极开展培训业务，已发布27部内部指引（见下表），出版三本书籍（《农村合作金融知识读本》《信用合作运营管理》《农村金融普惠的逻辑与路径》），制定了"供销合作金融培训营课程列表"，包括八大模块，分别是宏观理论、内部控制、时政解读、业务经营、团队管理、软件功能、风险管理、专家解析。各地供销合作社可根据需要自选课程，由公司提供培训。目前已组织了100余场线上、线下培训会，累计培训超过

1200课时，每年接受培训的供销系统干部职工近2万人次。

目前中合联农村合作金融部在吉林、内蒙古、河北、江苏、安徽等16个省份，面向一百余个供销合作社基层社或供销合作社领办农民专业合作社提供农村信用合作咨询服务，各基层社吸收农民社员总计17328人，农村小企业社员总计133家，入社股金总计6556万元，社员互助金总计3.66亿元，社员互助金借款余额2.96亿元，累计滚动互助金借款6.25亿元，累计滚动互助金借款四千余笔。

表1　　　　　　　　供销合作金融内部指引目录

1	《合作金融理论知识读本（内部指引）》
2	《合作社章程订立参考内部指引》
3	《信用合作服务部内设岗位与职责分工内部指引》
4	《合作社向主管供销合作社申请开展合作金融服务应提交的前期材料内部指引》
5	《合作金融互助股金管理规则内部指引》
6	《合作金融互助股金银行托管方案内部指引》
7	《合作社与商业银行开展授信、配贷合作内部指引》
8	《合作社主要管理人员责任承诺办法内部指引》
9	《合作社向主管供销合作社申请合作金融服务正式开业应提交的申请材料内部指引》
10	《信用合作运营管理手册（内部指引）》
11	《信用合作业务财务会计制度内部指引》
12	《信用合作业务软件操作内部指引》
13	《社员信贷流程与文本内部指引》
14	《社员信贷产品设计方案内部指引》
15	《不良信贷资产评估与处置内部指引》
16	《主管供销社核准下属合作社开展合作金融服务流程内部指引》
17	《合作社社员变更备案制度内部指引》
18	《合作社管理人员、供销社自律管理执行成员责任承诺办法内部指引》
19	《主管供销社自律性检查合作社开展信用合作业务工作方案内部指引》
20	《主管供销社自律性定期考核合作社信用合作业务经营情况量化评分内部指引》
21	《供销合作金融试点之风险防范策略内部指引办法》
22	《供销合作金融试点之应对突发事件内部指引办法》
23	《供销合作金融农村社员信贷评级授信工作指引》

续表

24	《供销合作金融合作社信用部年报编制工作指引》
25	《县级供销社对农民合作社信用合作试点报批工作指引》
26	《合作社划拨富余资金进行保本理财工作指引》
27	《合作社信用合作试点变更发起人或高级管理人员操作指引》

某供销合作社信用合作业务社员管理要求

一、社员资格要求

社员必须是本区域内与本合作社行业相关、有实质性生产经营关系的农民、企事业单位和社会团体，承认并遵守合作社章程，按规定履行入社手续。

农民入股应符合以下条件：①具有完全民事行为能力（年龄在18~60岁）；②入股资金为自有资金且来源合法；③诚实守信，声誉良好。

企事业单位和社会团体入股应符合以下条件：①注册地或主要营业场所在农民专业合作社所在行政区内；②具有良好的信用记录；③上一年度盈利；④年终分配后净资产达到全部资产的10%以上；⑤入股资金为自有资金且来源合法。

二、社员出资要求

单个农民、企事业单位和社会团体入股，其持股比例不超过合作社股金总额的10%。社员入股必须以货币出资，不得以其他方式入股。社员不得以所持股本对外为自己或他人担保。

三、社员权利和义务

社员入社自愿，退社自由。社员退社，根据有关法律及本社章程规定办理。社员的股金可以转让、继承、赠予或按规定退股。社员以其入股额和应分配利润为限对合作社承担责任。

四、社员账户管理

农民专业合作社应向已批准入社社员颁发记名社员证,作为入社凭证,应载明:证号、姓名、住址等,并加盖合作社和理事长印章。

建立社员信用档案,实行不良社员退出机制。建立信用合作名册,完整记载信用合作业务活动,有良好信用记录的,农民专业合作社可适当增加其信用互助金额度;有不良信用记录的,农民专业合作社给予警告并适当降低信用互助金额度。严重违反信用互助监督管理办法的社员,经农民专业合作社理事会批准予以除名。

某基层供销合作社章程

第一章 总 则

第一条:设立背景。……

第二条:基本情况。本社名称:×××供销合作社。地址:××××。注册资金308万元。

出资人、出资方式、持股比例及出资额如下。

序号	发起人名称及简称	身份证号码(统一社会信用代码)	住址(经常居住地)	初始出资方式	出资额(万元)人民币	持股比例
1	×××供销合作社联合社			现金		

续表

序号	发起人名称及简称		身份证号码（统一社会信用代码）	住址（经常居住地）	初始出资方式	出资额（万元）人民币	持股比例
2	×××供销合作社	甲方			现金		
3	……	乙方			现金		
4	……	丙方			现金		

第三条：发起人各方按照本协议第二章规定缴纳出资。

第四条：本社是经市场监管部门批准，依法登记注册，具有独立法人资格，其合法权益受国家法律保护。

第五条：本社是农民专业合作社、公司、社会团体、家庭农场、农民、居民等自愿加入的为农服务合作经济组织。

1. 本社自愿加入县级供销合作经济组织，承认其章程，享受社员权利，履行社员义务。

2. 本社实行团体社员制和个人社员制。

3. 本社社员实行入社自愿、退社自由。

4. 本社内设"社员服务部"，非法人资格，独立核算。根据理事会授权，负责发展社员，开展生产合作、供销合作、信用合作等业务。

5. 本社允许根据实际情况设置代办点及其他分支机构，需要符合法律规定，经理事会同意后，报县供销联社审批。

第六条：本社的服务宗旨："为农、务农、姓农"。服务方式：生产合作、供销合作、信用合作。服务目标：通过"三位一体"综合服务，带动产业发展，农民增收致富；降低农民生产、生活成本，农民得实惠。解决生产分散、融资难、销售难等问题。将供销社打造成为服务农民生产、生活的综合服务平台。

第七条：本社的财产、合法权益和依法经营活动受法律保护，任何单位和个人不得侵犯和非法干预。

第八条：责任风险承担及债务承担责任。本社对由生产合作、供销合作、信用合作及社员股金、经营积累以及合法取得的其他业务所形成的法人财产享有占有、使用、收益和处分的权利。如出现经营或政策等原因造成风险损失，全体股东同意按照以下先后顺序承担损失。

1. 基础社员的现金出资。

2. ×××供销合作社原集体资产的实物出资。

3. 一般社员的现金出资。

第九条：本章程自生效之日起，即成为规范×××供销合作社社员之间权利义务关系的，具有法律约束力的文件。

第十条：本社遵守国家有关法律、行政法规的规章，接受×××供销合作社联合社的领导和县政府有关部门的监管。

第二章　业务范围

第十一条：本社开展以下业务：发展社员，为社员提供生产、供销、信用三位一体综合服务。经营范围：农田土地托管；畜牧养殖；水稻及经济作物种植；农业机械化服务；农林牧新技术推广及培训服务；农产品购销及加工；烟酒副食、粮油、棉布针织、日用百货、文化用品、五金交电销售；房屋租赁；籽种、化肥、农膜、农药销售；废旧物品收购；内部信用合作服务；电子商务；为农民社员综合服务。

第三章　社　员

第十二条：本社社员分为基础社员（发起股东）、一般社员。

基础社员：是指×××供销合作社组建"三位一体"新型基层供销社成立时，实缴注册资金的发起人，在本社享有选举权、被选举权、参与管理权、监督权、分红权、按照实缴股金对本社债务承担有限责任。本社基础社员包括：（填写原始股东的名称）。基础社员在三年内（含三年）不得转让所持本社股份，若发生继承情形依法办理股份变更手续。三年后确需转让所持本社股份的，必须经理事会4/5及以上的成员同意。

一般社员：是指本社组建以后，按照规定条件和程序申请加入的社员。

第十三条：社员应符合以下条件：

1. ×××户口，满18周岁（低于80周岁），有完全民事行为能力的公民。

2. 从事与本社或关联企业有直接业务或间接生产经营活动的企业、社会团体。

3. 供销社社属企业。

4. 供销合作社职工。

5. 非×××户口，但是在本地有固定住所或从事经营活动的企业或个人。

6. 入股资金为自有资金且来源合法，达到本章程规定的入股金额起点。

7. 诚实守信，声誉良好。

8. 本章程规定的其他条件。

9. 具有管理公共事务职能的个人或单位不得加入×××供销合作社。

第十四条：本社社员享有以下权利：

1. 选举成为社员代表，参加社员代表大会，并享有表决权、选举权和被选举权，按照本章程规定参加本社的民主管理。

2. 享受本社的各项服务和收益。

3. 按照社员代表大会决议享受分红。

4. 申请查阅本章程和社员代表大会、理事会、监事会的决议、财务会计报表及报告。

5. 向有关监督管理机构投诉和举报。

6. 本章程规定的其他权利。

第十五条：本社社员承担以下义务：

1. 社员需要入股。

2. 执行本社理事会、社员代表大会的决议。

3. 按期足额偿还借用本社股金本息。

4. 按本章程承担亏损。

5. 积极向本社反映情况、提供信息。

6. 本章程规定的其他义务。

第四章　股权管理

第十六条：本社社员入股金额：基础社员（发起股东）入股起点，×××供销合作社职工起点1万元及以上，其他基础社员起点为2万元及以上，最高不超过100万元。一般社员分两种：自然人起点100元；企业（公司、合作社、家庭农场等）起点1000元，均为100元整数倍数，最高不超100万元。

第十七条：社员缴纳股金必须以货币出资，或等值的实物（仅限于一般社员农产品）方式入股。

第十八条：本社向社员发放社员证、记名股金证，作为社员的入股凭证。

第十九条：理事、监事和经理持有的股金和积累在任职期限内不得转让。

第二十条：本社社员可以用所持股金和积累在本社内部对社员和他人提供担保，但不得以所持股金和积累为自己或他人在本社以外进行担保。

第二十一条：同时满足以下条件，本社社员可以办理退股。

1. 社员提出退股申请。
2. 在本社没有逾期未偿还的借款本息。
3. 按照退股金额，根据本社内部股金借款管理办法，规定时间退股。

第二十二条：社员在其资格终止前与本社已订立的合同，应当继续履行。

第二十三条：社员资格终止后的一个月内，本社以现金形式返还该社员的股金和积累份额；社员资格终止的当年（会计年度）内不享受年底盈余分配。

第二十四条：具有以下情形之一的社员，经理事会批准，可予以除名，被除名社员如有未归还股金借款，以该社员的股金和社员积累予以抵扣，不足以抵扣的部分，该社员应通过其他方式偿还。

1. 不遵守本社章程。
2. 其行为给本社名誉和利益带来严重危害。
3. 以欺骗手段从本社取得股金借款。
4. 恶意逃避在本社的债务。
5. 理事会认为需要除名的其他情形。

第二十五条：本社建立社员名册，社员名册载明以下事项：

1. 社员的姓名或名称、身份证号码或企业法人代码、住所。
2. 社员所持股金金额、投票权确认数。
3. 社员所持股金证书的编号。
4. 社员缴纳股金日期。

第五章　组织机构

第二十六条：本社社员代表大会是本社的最高权力机构。社员代表按照社员数量从社员中选举产生，社员代表大会由20~30名代表组成，每届任期1年，可连选连任。发起设立基础社员应当为社员代表大会的代表。

在社员代表大会未组建之前由基础社员会议行使前款所规定的职权。基础社员会议由全体基础社员组成，由理事长召集和主持，有2/3以上有表决权的基础社员出席方能召开。

社员代表大会行使以下职权：

1. 制定或修改章程。
2. 选举和更换理事、监事。
3. 审议通过本社的发展规划。
4. 审议批准理事会、监事会年度工作报告。
5. 审议对外投资。
6. 审议批准年度财务预、决算方案和利润分配方案、弥补亏损方案。
7. 对解散和清算作出决议。
8. 本章程规定的其他职权。

第二十七条：社员代表大会由理事会召集，每年至少召开一次，经1/3以上的社员代表提议，或理事会、监事会提议，可在召开临时社员代表大会。理事会应当将会议召开时间、地点及审议事项于会议召开5日前通知社员代表。

第二十八条：召开社员代表大会必须有2/3以上的社员代表出席。不能出席会议的社员代表可授权其他社员代表代其行使表决权。授权采取书面形式，并明确授权内容。

社员代表大会选举或者做出决议，应当由本社社员代表表决权总数过半数通过；做出修改章程或者解散和清算的决议应当由本社社员代表表决权总数的 2/3 以上通过。

第二十九条：本社社员代表参加社员大会，享有一票基本表决权，每次社员代表大会召开时告知出席会议的社员。召开基础社员大会，基础社员按照出资比例行使表决权。

第三十条：理事会是社员代表大会的执行机构，由 5 名理事组成，×××供销联社推荐 3 人，并推荐理事长。理事由社员代表大会选举和更换，每届任期三年，可连选连任。理事会设理事长 1 人，为本社法定代表人，由×××供销联社提名，理事会选举产生，经 3/5 及以上理事表决通过。

第三十一条：理事会会议由理事长召集和主持，每年度至少召开 4 次，根据需要也可以随时召开。

理事会行使以下职权：

1. 召集召开社员代表大会，并向社员代表大会报告工作。

2. 执行社员代表大会决议。

3. 选举和更换理事长。

4. 审议本社的发展规划和本社的年度经营计划。

5. 审议决定工作人员的薪酬。

6. 审议固定资产购置以及经营活动中其他重大事项计划。

7. 对经理拟订的大额股金借款、经营方案、其他投资提出审核意见。

8. 聘任和解聘经理、财务总监（主管会计）。

9. 对经理提名的拟聘用（解聘）工作人员提出审批意见。

10. 审议通过经理的工作报告。

11. 审议制定内部管理制度。

12. 拟订年度财务预、决算方案和利润分配方案、亏损弥补方案。

13. 拟订解散和清算方案。

14. 社员代表大会授予的其他职权。

理事长职责：

1. 在理事会授权下，主持本社全面工作。

2. 召集和主持基础社员会议、理事会会议。

3. 代表理事会向社员代表大会、基础社员会议报告理事会工作。

4. 代表理事会向社员代表大会、基础社员会议提交所议事项。

5. 负责管理本社人事、资金、经营管理等工作,未经理事会决议,不得就人事、资金、报酬等事项作出处理。

6. 代表本社对外签署协议、合同。

7. 理事会授予的其他职权。

第三十二条:监事会是本社的监督机构,由3名监事组成。由×××供销联社推荐1人,并推荐监事长,理事、经理、财务总监(主管会计)、信贷部主管、出纳不得兼任监事。

第三十三条:监事会会议由监事长召集和主持,每年度至少召开1次,必要时可随时召开。

监事会行使以下职权:

1. 派代表列席理事会会议。

2. 监督本社执行相关法律、行政法律和本社章程。

3. 对理事会决议和经理的决定提出质询。

4. 监督本社的经营管理和财务管理。

5. 进行内部审计,并对理事长、经理进行专项审计和离任审计。

6. 对经理拟聘用工作人员提出核查意见,对经理拟订的大额股金借款、经营方案、其他投资提出核查意见。

7. 向社员代表大会报告工作。

8. 提出召开临时社员代表大会。

9. 社员代表大会授予和章程规定的其他职权。

监事长职责:

1. 召集、主持监事会会议,负责监事会的管理工作。

2. 对本社实施制度监督、财务监督、纪律监督和法律监督。

3. 负责审订、签署监事会的报告和其他重要文件。

4. 监督理事会成员的履职情况。

5. 监督检查本社的经营活动和财务收支情况。

6. 向理事会成员提出工作改进意见和建议。

7. 代表监事会向社员代表大会、基础社员会议报告监事会工作。

8. 社员代表大会、基础社员会议授予的其他职责。

第三十四条：本社设经理1名，由理事会聘任，经理可由本社理事长兼任。经理行使以下职权：

1. 分管社员服务部日常业务，组织执行理事会的决议。

2. 拟订社员服务部的内部管理制度。

3. 拟订社员服务部的年度经营计划。

4. 提出拟聘用、解聘工作人员建议，以及大额股金借款、经营方案、其他投资建议，征得理事会同意，监事会核查后组织实施。

5. 理事会授予的其他职权。

第三十五条：理事长、经理和工作人员的薪酬由理事会决定，没有参与经营的理事、监事不予固定发放工资，可给予生活、车旅及通信费补贴，按月发放或实报实销。

第三十六条：理事、监事、经理和工作人员不得有以下行为：

1. 侵占、挪用或者私分本社资产。

2. 将社员股金借给非社员或者以本社资产为他人提供担保。

3. 从事损害本社利益的其他活动。

违反上述规定造成损失的，应当承担赔偿责任。

第六章　业务、财务管理

第三十七条：本社以社员股金、接受社会捐赠资金、政府批准项目资金和符合审慎要求向其他银行业金融机构融入资金作为资金来源。

第三十八条：本社的资金应主要用于满足本社内部社员的信用合作需求，满足社员信用合作需求后确有富余可存放其他银行业金融机构进行稳健的保值增值操作。社员股金可以进行其他投资，但是必须坚持审慎原则，在符合法律、法规规定的前提下，经理事会提议，基础社员大会审议，社员代表大会同意后方可实施。

第三十九条：本社不向非社员吸收股金、发放社员信用合作股金调剂借款，不以本社资产为其他单位或个人提供担保。

第四十条：本社按照股金总额的10%留库存现金或其他金融机构活期存取账户内，确保临时存取的流动性与灵活性。

第四十一条：本社按照审慎经营选择，严格进行风险管理：

1. 资本充足率不低于8%。

2. 对单一社员的股金调剂借款总额不超过总股金的10%。

3. 对前十大社员股金调剂借款总额不超过总股金的50%。

4. 资产损失准备充足率不低于100%。

5. 金融监督管理机构规定的其他审慎要求。

第四十二条：本社执行国家有关的财务制度与会计准则，设置会计科目法定会计账册，进行会计核算。

第四十三条：会计年度为公历1月1日至12月31日，在每一会计年度终了时制作财务会计报告，并于召开社员大会（社员代表大会）的供社员查阅。

第四十四条：社员服务部的利益分配。

1. 预留总利润10%作为坏账准备金。

2. 总利润5%用于"生产合作"农业产业化发展资金。

3. 剩余利润分配方案，由理事会提报执行。

4. 社员分红方案，由理事会提出分配方案，经社员代表大会批准后执行。

第四十五条：社员代表大会批准通过的上一年度分红，可以作为下一年度的预计分红依据，提前预分红。

第四十六条：本社除法定会计账册外，不得另立会计账册。

第四十七条：按照规定向社员披露社员股金和社员积累情况、财务会计报告、内部信用借款发放及其风险情况、投融资情况、盈利及其分配情况、案件和其他重大事项。

第四十八条：按规定向县供销联社和金融监管部门报送业务、财务报表、和相关资料，并对所报报表、报告和相关资料的真实性、准确性、完整性负责。

第七章　解散和清算

第四十九条：因以下原因解散：

1. 社员大会（代表大会）决议解散。
2. 因合并或者分立需要解散。
3. 依法被吊销营业执照或者被撤销。

因第1项、第3项原因解散的，在解散事由出现之日起15日内由社员大会推举成员组成清算组，开始解散清算。逾期不能组成清算组的，由社员、债权人向人民法院申请指定成员组成清算组进行清算。

第五十条：清算组自成立之日起接管本社，负责处理与清算有关未了结业务，清理财产和债权、债务，分配清偿债务后的剩余财产，代表本社参与诉讼、仲裁或者其他法律事宜，并在清算结束时到市场监管管理部门办理注销登记并予以公告。

第五十一条：清算组负责制定包括清偿员工的工资及社会保险费用，清偿所欠税款和其他各项债务，以及分配剩余财产在内的清算方案，经社员大会（社员代表大会）通过后实施。

第五十二条：清算组成员应当忠于职守，依法履行清算义务，因故意或者重大过失给社员及债权人造成损失的，应当承担赔偿责任。

第八章 附 则

第五十三条：设公告栏，对需要公告事项以张贴的形式向全体社员公告。

第五十四条：社员代表大会通过的章程修改、补充规定，经县供销联社核准，视为本章程的组成部分。

第五十五条：本章程未尽事宜依照国家有关法律法规、行政规章及县供销联社的有关规定办理。

第五十六条：本章程解释权属理事会，修改权归社员大会（社员代表大会）。

第五十七条：本章程经全体发起人商议通过并签名确认，自县供销联社批准并依法注册之日起生效。

签名：

某供销合作社互助股金投放管理办法

根据《×××供销合作社章程》及相关规定，为规范社员服务部内部股金调剂规程制度和使用管理，特制定本办法：

一、股金投放原则

严格按社员制、封闭运行，不对外吸储、放贷、坚持小额、分散、短期的运行机制。互助资金借款坚持互助互济、有偿使用；必须从事三农生产或与供销合作社有关联，禁挪他用。用款需申请、且能提供有效的信息，满足担保要求，有借有还、滚动发展，公开公正、安全高效的原则。

二、股金投放规定

（1）按照《×××供销合作社章程》规定，贷款人必须是本社社员，即农户社员、涉农企业、合作社、个体户社员或供销合作社下属职工社员等。

（2）根据借款数额（可根据资金投放评议小组评议结果浮动，并可实施循环投放），社员借款类型主要有信用借款、互（联）保借款、抵押人、质押借款和第三方担保借款。

1. 信用借款

对符合条件（与合作社交易无不良记录、信用评级无不良记录、担保无不良记录等）的社员可进行一定额度（≤10000元）的信用借款（贫困户5000元）。

2. 互（联）保借款

借款额度<1万元时，只要有本合作社1名社员做担保并负保证责任；方可给予放款。

借款额度≥5万元的借款必须提供个人征信报告，企业需要提交法人及实际控制人的征信报告（注企业法人及实际控制人必须到现场签名）。

借款额度≥5万元的借款要由1~2名社员担保，并负保证责任；借款额度≥10万元的借款要由2~3名社员担保并负保证责任；借款额度≥20万元的借款要由最少3名社员担保并负保证责任；

当借款额度≥5万元但没有符合条件的担保人时，须采取资产抵押。

3. 借款利率及期限额度

投放金名称	社员类别	投放期限	六个月	一年	占用限额	结息方式
惠农互助金（贷）	一般社员（建档立卡贫困户）	股金月占用费率	6.8‰	7.8‰	1000~5000元	每季
		万元占用金金额	408元	936元		
	一般社员（自然人）	股金月占用费率	7.8‰	9.6‰	1000~1万元	每季
		万元占用金金额	468元	1152元		
惠企互助金（贷）	一般社员（法人）	股金月占用费率	8.6‰	9.6‰	1万~10万元	每月
		万元占用金金额	516元	1152元		
助农/企互助金（贷）	一般社员（自然人、法人）	股金月占用费率	12‰	15‰	1万~50万元	每月
		万元占用金金额	720元	1800元		
兴农/企社员	基础社员（自然人、法人）	股金月占用费率	8.6‰	8.6‰	最高50万元	每月
		万元占用金金额	516元	1032元		

说明：1. 申请投放金需要向本村社员代表提出申请；2. 只针从事三农供或与销合作社有关联的生产、经营、流通等社员；3. 社员服务部将根据国家相关法规及社员资金占用情况不定期进行调整，调整前一月进行通告。

4. 借款管理

本社严格按照《×××供销合作社章程》进行风险管理：

（1）备付金率不低于8%。

（2）对单一社员的股金调剂借款总额不超过总股金的10%。

（3）对前十大社员股金调剂借款总额不超过总股金的50%。

（4）不良资产拨备率不低于100%。

（5）相关主管部门规定的其他审慎要求。

5. 借款对象

（1）社员办理借款必须是本社辖区内或在辖区内有固定住所满1年以上的入社社员。

（2）需要有良好的信用，在本社或其他金融机构有不良记录的，不予发放占用费。

（3）社员需要身体健康、有生产经营能力、有稳定的收入。

（4）社员需要年龄原则上在18~60周岁，满16周岁且有独立生活来源并独立承担民事责任未成年人社员可适当放宽。已婚者，需夫妻双方同意签字；未婚社员且超出规定额度的需要额外找担保人担保。

（5）甲借乙用，坚决不予发放借款。

（6）借款要用于生产经营，不得用于其他事项、有不良嗜好（黄、赌、毒）坚决不发放借款。

三、借款程序

（1）借款申请：社员在发展生产项目急需资金时，可向社员服务部提出借款申请。申请人须提供有效结婚证件且夫妻双方到场签名，注明发展项目名称、规模、借款数额、项目实施条件及措施、项目已实施的现状、还款时间、还款措施等。

（2）借款调查：风控部对占用费事项进行调查审查：①社员资格、信用状况；②以前贷款是否还清；③所借资金是否用于发展生产性项目，包括种植业、养殖业、收购农副产品、农业深加工、从事三农服务项目等短期、小额周转资金；④风控部对所借资金投资项目进行审查和实地察看，审查生产项目进展情况，一般情况下项目要完成前期实质性工作或正在全面开展。⑤有符合条件的担保人担保。

（3）借款保证：社员借款必须同时办理担保手续：一名社员借款10000元以上，须最少1名社员提供担保，担保人负连带偿还责任及能力（需：具有一定经济基础并且已婚，年龄不超过60周岁有偿还本借款能力的人；国家公务员和事业单位正式职工可以进行担保；社员之间可互助担保，一名社员担保不超过2户）；且担保人必须夫妻双方提供结婚证及双方到场签字。

(4) 借款审核：由社员代表、合作社主任、风控经理等逐级进行初评，审贷会（由理事会成员、总经理及管理团队、合作社主任等相关人员组成）终评，逐级进行审批核准。全部贷款由审贷会进行集体讨论，审核通过后发放。对符合借款条件的予以公示，对暂不符合条件的，作出充分解释说明。审核权限以下表为准。

审批类别	占用限额	结息方式	初审	复审	核准
一类	借款额度≤1万元	每季	社员代表/合作社主任	风控经理	审贷会
二类	借款额度≤5万元	每月	社员代表/合作社主任/风控经理	总经理	审贷会
三类	借款额度≥5万元	每月	社员代表/合作社主任/风控经理/总经理	理事长	审贷会

说明：审贷会成员名单由理事会决议产生并报社员代表大会同意后履职，接受社员代表大会、理事会和监事会的监督，本社共设五名审贷会成员。

审贷会实行集体负责制和一票反对否决制，获得审贷会成员4/5以上同意且无人投出反对票，本项社员借款方可通过表决。

理事会是审贷会的上级领导机构，未担任审贷会成员的理事不得直接参与审贷会工作，理事会经决议，可对审贷会通过表决的社员贷款进行质询，要求审贷会撤回决议并重新表决；监事会是理事会、审贷会的监督机构，监事有权独立旁听审贷会决策并发表监事意见，监事会经决议，可对理事会就审贷会工作提出质询意见。

(5) 借款发放：合作社与社员签订借款合同（一式二份，由风控经理与财务各保存一份），同时办妥其他相关手续，必须用转账支票或者银行汇款支付。

(6) 借款回收：①风控部及合作社主任负责借款回收，风控经理负责所有借款资料的收集汇总。②每月25日前整理出下月待还款名单，交由合作社主任，由合作社主任安排对应的社员代表提前10天了解借款人的还款情况，并提醒借款人准备还息还本。同时应将借款人的还款能力及相关情况及时反馈给合作社主任汇总分析，以便对存在还息还款有风险的借款采购应对措施。

③风控经理负责所有借款人及时还息还款的督导跟催,对于有还息还款风险的借款人要最少提前一周向总经理反馈,必要时提报审核贷会、理事会、监事会制定催缴方案及应对措施,确保借出款项本息按时收回。

(7)信用制度:①建立担保资信制度,根据家庭经济、信誉等状况,由理事会和监事会联合评选具有担保资信的社员,每年评选一次;②建立连续借款制度,社员前一次借款后,若按时还款,信誉良好的,在资金存量允许条件下可重复借款。

四、违约处罚

(1)借款发放后,风控部对借款项目的实施进行全过程监督,一旦发现借款者将资金挪作他用,将及时予以制止,并马上采取措施提前收回借款。

(2)借款到期未还的,按每日3%加收滞纳金,并由借款人承担由此造成的一切损失。

(3)发生上述情况的社员,两年内取消再次借款资格,情节严重的取消社员资格。

五、风险防范:

(1)公开监督原则:互助投放金在操作运行、日常管理中进行阳光操作,公开公示,接受本合作社监事会和全体社员的监督,并接受县供销社、县金融办、当地镇政府的监督。借款总量控制实行小额分散原则:每年获得借款社员数不低于社员总数30%。

(2)资金运行封闭原则:一是互助资金严守专款专用原则,不得用于其他经费开支,不得对外放贷;二是借款对象必须是合作社社员,不得对外放贷。

(3)财务管理办法:互助资金投放管理人员必须按照财务制度对每一笔业务及时进行办理,做到日清月结。每季末30日前,县供销社、县金融办、当地政府、提供季度的财务报表,同时在本社公开栏上进行公示,并做好会计资料的归档管理。

(4)风控部每月应督促社员服务部主任或相关人员对借款社员制订回访

跟踪计划，拟定回访跟踪表，并定期检查社员服务部主任或相关人员回访跟踪情况，了解贷款客户所借款项的使用情况及还款能力进行确认评估，每月25日前提交借款客户回访总结报告。

（5）资金追缴措施：社员到期本金或占用费未还的，合作社将依法进行追缴，由此产生的一切费用由该社员承担：一是在合作社公开栏公开该社员的欠款事项；二是由担保人负责归还本金、占用费及其他费用；三是依法提出民事诉讼，追回本金、占用费及其他费用。

六、附则

（1）本办法由　年　月　日×××供销合作社理事会大会审议通过，未尽事宜由理事会负责修订，提交社员代表大会审议通过，并报县供销社、县金融办和当地镇政府备案。

（2）本办法由×××供销合作社社员服务部负责解释。

理事会签章：
年　月　日

某合作社股金银行存管协议

本协议由下列各方于20 年 月   日在中国 签订：

甲方：   农民合作社
住所：
通信地址：
邮编：
法人：
联系人：
电话：
（以下统称"合作社"）

乙方：   供销合作社
住所：
通信地址：
邮编：
法人：
联系人：
电话：
（以下统称"供销社"）

丙方：
　　 银行   分行，一家依据中国法律正式注册成立并有效存续的银行，

其法定地址为：中国　省　市　号，由其授权代理人　　先生代表

（以下统称"存管行"）。

鉴于：合作社在供销社领导下开展农民合作社合作金融试点，为妥善管理合作社信用合作服务部吸纳的社员股金，合作社在存管行设立股金管理专户用于其信用合作服务部相关资金管理。

——合作社、供销社及存管行均已同意签订本协议，根据本协议的条款和条件履行其各自的承诺和义务。

各方约定如下：

1　解释

在本协议中，除上下文另有要求外，下列用语应适用本协议第1条的规定。

1.1　定义

"共管资金"：合作社资金汇入共管账户后直至转款或返还时共管账户的本金加上按实际存款天数计算并扣除利息税（若有）后的利息的金额之和。

"共管账户"指在本协议签订之后，合作社根据本协议规定以合作社名义开设在存管行处的共管账户。该共管账户将根据本协议作为存放本协议项下的共管资金的共管账户。

1.2　条款、附件等

如提及本协议，应包括本协议的任何附件；如提及条款和附件，应指本协议的条款和附件。

1.3　资料

如提及书籍、记录或其他资料，应指任何形式的书籍、记录或其他资料，包括但不限于纸张、电子存储数据、磁媒体、胶片和微缩胶片等。

1.4　日期和时间

1.4.1　除上下文另有要求外，如本协议项下任何权利或义务可供行使或履行的日期为非工作日，则该项权利或义务应在该日期之后的第一个工作日行使或履行。

1.4.2 如提及时间,指北京时间。

1.5 标题

标题不影响对本协议的解释。

1.6 文件

如提及任何合同或文件,应指经不时修改、更新、补充、重述或取代的等合同或文件。

1.7 工作日

星期一至星期五的中国内地正式营业的办公日,及中国政府规定的节假日调休安排项下的办公日。

1.8 签名

本协议规定的买方或卖方的授权签字人的签名。

2 存管行的委托

2.1 委托

受限于本协议第2条其他条款的规定,合作社根据本协议条款和条件委托存管行保存、管理合作社社员自愿交纳用于信用互助的资金,担任共管账户的存管行,存管行根据本协议条款和条件不可撤销地接受本项委托。

2.2 存管行的职责

存管行在本协议项下的职责是:妥善保管共管资金;按照本协议规定履行存管行职责;按本协议规定划转或暂停划转共管资金。

3 开设账户

3.1 批准

3.1.1 第2.1条项下对存管行的委托及本协议载明的共管资金的支付安排应以合作社名义在存管行处开立共管账户为条件。据此,合作社已在存管行处开立共管账户。

3.1.2 合作社名义开设的共管账户为合作社、供销社共管账户,共管账户内共管资金的支付或划拨须根据本协议规定条件基础上凭合作社预留存管行的有权签字人签名,签字人签名包括相关符合国家金融电子签章标准的数字化、网络化签名办法。

3.1.3 合作社不可撤销地同意授权　　先生/　女士为授权签字人并在存管行处预留签字样本，供销社不可撤销地同意授权　　先生/　女士为授权签字人。合作社、供销社双方共同管理共管账户，由合作社　　先生/　女士的签字，供销社　　　　先生/　女士的签字作为银行预留印鉴使用。在本协议项下，合作社、供销社的授权签字人在有关通知、指示等法律文件的签字即能充分代表三方的意志，是有效的。

3.2 通知

存管行应根据第10.7条规定在合作社开立共管账户后立即将上述账户的银行账号和其他需要的有关资料通知本协议的共管各方。

3.3 确认

存管行确认，合作社根据本协议在存管行处开立的共管账户为合法存续账户，将共管资金进行账户操作，不另行需要其他合法性证明。

4 共管资金的存入

4.1 支付

合作社应于本协议签订后，每工作日下午　　时　　分前将合作社信用合作服务部产生的全部资金汇入共管账户，共管账户资金余额与合作社信用合作服务部记账软件余额相差不得大于人民币100元。

4.2 通知

在存管行得知合作社按照本协议第4.1条支付的共管资金时，存管行应将记入共管账户贷方的金额及相关流水通知本协议的其他各方。

4.3 共管资金的利息

在收到合作社存入的共管资金后，存管行应将共管资金存入共管账户。共管账户应为计息账户，存管行同意按照　　利率支付共管资金的利息。该利息属于合作社所有。

4.4 共管资金的处理

各方应促使共管账户的共管资金不应被兑换或以任何其他方式予以处理，但根据本协议进行的除外。

5 合作社对共管资金的划转

5.1 共管资金的划转,按本协议规定凭合作社在存管行处的预留签名办理,如签名与合作社、存管行双方预留印鉴相符,且符合供销社设定的划转或返还的最大额、财务指标范围后,存管行应根据合作社的申请准予划转共管资金。

5.2 经合作社社员委托,符合合作社章程及相关管理制度下将合作社社员缴纳在合作社的互助股金返还至社员的银行卡中,不受供销社设定的划转或返还的最大额、财务指标范围限制。

5.3 供销社设定的划转或返还的最大额、财务指标范围限制相关标准由供销社定期向存管行提供、更改。

5.4 如合作社与供销社就本协议项下共管资金的划付可能或已发生争议,从而影响本协议项下共管资金的划付时,存管行有权暂停划付,除非合作社与供销社共同指示或根据相关生效仲裁裁决或法院裁判法律文书的判定进行划付。

5.5 供销社可根据具体形势变化,有权向存管行发出暂停共管资金划付的通知,存管行在收到暂停共管资金划付的通知后即无条件暂停共管账户中共管资金的划付,直到供销社向存管行发出恢复共管资金划付的通知止。

6 陈述和保证

6.1 合作社向其他方保证和陈述其有法律权利和完全的权利和授权订立和履行本协议,本协议在签订后将构成对其的有效和有约束力的义务并可根据本协议条款强制执行。合作社进一步向其他方保证和承诺本第6.1条在共管账户存续期间在所有方面都会是真实和准确的。若合作社在本条的保证和陈述失实或无效,视为违反本协议。

6.2 供销社向其他方保证和陈述其有法律权利和完全的权力和授权订立和履行本协议,本协议在签订后将构成对其的有效和有约束力的义务并可根据本协议条款强制执行。供销社进一步向其他方保证和承诺本第6.2条在共管账户存续期间在所有方面都会是真实和准确的。

6.3 存管行向其他方保证和陈述其是由中国银行监管机关批准的合法成立的金融机构,有法律权利和完全的权利和授权订立和履行本协议,本协议在签订后将构成对其的有效和有约束力的义务并可根据本协议条款强制执行。存管行进一步向其他方保证和承诺本条例第 6.3 条在共管账户存续期间在与之相关的所有方面都会是真实和准确的。

7 往来文书

7.1 授权签字人

本协议下的各方均承诺,就本协议项下所有通知和其他往来文书而言,授权人的签字、签名、公章及其个人资料的任何变更,将不时依据本协议规定通知存管行。各方授权签字人及前述印鉴的任何变更必须经各方一致书面同意,并通知存管行,在存管行处变更预留印鉴后方可生效。

7.2 签字、印鉴要求

各方均应促使依据本协议为该方交付的所有往来文书,包括符合国家金融性信息安全标准的各类电子文书、电子印鉴,均经各方授权签字人签署。各方授权签字、印鉴文书格式标准由存管行确定。存管行对前述签字、印鉴是否符合预留印鉴仅承担形式审查义务。如监管人经形式审查,有关往来文书上的印鉴与预留印鉴在形式上相符,则视为真实印鉴;如监管人经形式审查,有关往来文书上的印鉴与预留印鉴存在不符点,应立即通知供销社确认。

7.3 存管行其他职责

存管行应当以合理的标准谨慎查核本协议项下的所有往来文书以确定它们是否表面符合本协议的有关规定。存管行没有义务质疑或质询有效往来文书或据其善意判断、看上去为有效往来文书的有效性,但可基于各方友善关系向供销社提出友谊意见或提醒。

7.4 冲突或矛盾

合作社、供销社为在存管行处开立共管账户而签署的任何文件内容若与本协议规定有冲突或矛盾的,以本协议规定内容为准。

8 费用和开支

8.1 账户共管代理费和开支

存管行就本存管服务按　　　收取存管服务费,存管服务费由合作社另行缴纳,不得动用共管账户下共管资金。在提供汇款、转账等服务时,存管行有权按有关规定收取相应费用,汇款、转账等有关费用发生时存管行有权直接从共管资金中扣除,所扣费用由合作社承担,合作社可根据实际汇款、转账情况内部记账至对应责任社员名下。

8.2 协议费用

以第8.1条为前提,每一方均应负责承担各自在准备、谈判和签订、履行本协议过程中应付或发生的所有收费、成本和费用。

9 职责和责任

9.1 存管行职责的履行

9.1.1 本协议下的合作社、供销社均承认并同意,存管行根据第5条规定划转或返还(视具体情况而定)共管资金即构成全部及完全解除存管行作为本协议项下的共管资金的存管人的职责和义务。共管期间届满或共管责任解除后,四方应共同关闭共管账户。

9.1.2 本协议下的合作社、供销社均承认并同意,存管行在本协议项下的义务应限于根据本协议规定持有、管理、划转和返还共管资金。存管行根据本协议第5条划转共管资金所产生的法律后果由合作社承担。

9.1.3 共管期间,合作社、供销社自行处理涉及共管资金的各项交易,并确保有关交易的合法合规,不得利用共管账户进行非法交易,存管行不参与亦不监管协议下各方之间的交易行为,各方之间的交易纠纷由各方及有关方自行解决,与存管行无关。

9.1.4 存管行对于合作社信用合作服务交易方式和内容的合法合规性不承担任何保证或监督义务。

9.1.5 对于不符合本协议第5条规定的书面通知,存管行有权拒绝执行,由此产生的法律后果由要求方自行承担。

9.1.6 若由于国家有关机关的冻结和扣划造成共管账户内资金的损失，存管行不承担任何责任。

9.2 存管行的有限责任

存管行或其任何公司官员或雇员均不对买方或卖方所遭受的、与本协议项下存管行权利的行使和义务的履行有关的、或与本协议有其他关联的任何损失、责任、成本、索赔、行动、要求、损害赔偿或费用承担任何责任，但因存管行或其任何公司官员或雇员的重大疏忽、欺诈或故意不当行为所造成的直接损失责任、成本、索赔、行动、要求、损害赔偿或费用除外。

9.3 赔偿

合作社承诺，对于因存管行在合法或适当履行本协议项下职责时的任何作为或不作为所导致、蒙受或发生的针对存管行的所有行动、诉讼、索赔、成本、要求、损失和费用，在存管行提出合理要求时，立即对存管行所遭受的实际损失作出赔偿。

10 一般规定

10.1 责任

各方确认并同意，对本协议的任何违约仅进行损害赔偿可能不足以补救该等违约，因此非违约方依法就任何潜在或实际地违反本协议任何规定的行为寻求停止侵害、实际履行及其他非金钱补救（附加于损害赔偿）均为适当。

10.2 保密

各方对本协议及其内容承担保密义务。

10.3 转让

本协议应对各方及他们的继承方和经许可的受让方具有约束力，并系为他们的利益而设。因此，未经其他方事先书面同意，合作社、供销社及存管行均不得转让其在本协议项下的任何权利和义务，或因本协议而产生的任何利益。

10.4 变更

对本协议的任何变更，除非以书面形式作出并经每一方签署，否则无效。

10.5 弃权

任何一方未行使或延迟行使与本协议有关的任何权利、权力或补救权（各称"权利"）不构成对权利的放弃，任何一方曾经或部分行使任何权利亦不应妨碍其再次行使或进一步行使该项权利，或行使任何其他权利。本协议规定的权利系为累加权利，并不排除任何其他权利（不论是法定权利或其他权利）。任何一方对本协议其他方的任何违约行为的明示弃权不构成对任何后续违约行为的弃权。

10.6 进一步保证

在本协议签订日后的任何时间，各方应尽所有在商业上合理的努力促使任何必要的第三方，签订该方合理要求的文件并作出该方合理要求的行为，以令该方能充分享有本协议全部条款项下的利益，所需费用由该方负担。

10.7 通知

一切通知可经专人送递，或以附有确认收据的传真方式、电子数据送递，或以速递的方式送递。在不影响前述规定的前提下，一切以传真成功发送的通知的下一个工作日、电子数据送达的通知抵达信号反馈在收件处视为送达，以速递方式送递的通知在寄出之后5日视为送达，以专人送递的通知在递交时视为送达。

10.8 无效

如本协议任何条款根据任何适用法律或法律原则被认定为全部或部分不合法、无效或不可通过法律程序强制执行，该条款或其相关部分应不影响本协议其余部分的合法性、效力和可强制执行力。

10.9 管辖法律

本协议和将根据本协议签订的各份文件受中华人民共和国法律管辖并依中华人民共和国法律解释。如任何事项在中国没有已公布的法律可予适用，应适用国际惯例和国际普遍接受的法律原则。

10.10 文字

本协议签署中文文本。

10.11 纠纷解决

因本协议引起的任何争议应由当事各方协商解决，若协商不成，任何一方均可将有关争议提交合作社所在地人民法院处置。

11

本协议未尽事宜，经各方协商一致后，可另行签订补充协议，补充协议与本协议具有同等法律效力。

甲方（签字或盖章）： 乙方（签字或盖章）：

丙方（签字或盖章）：

20 年 月 日

第三篇

政策篇（摘编）

1. 中共中央关于全面深化改革若干重大问题的决定

(2013年11月12日中国共产党第十八届中央委员会第三次全体会议通过)

……

(20) 加快构建新型农业经营体系。

……

鼓励农村发展合作经济，扶持发展规模化、专业化、现代化经营，允许财政项目资金直接投向符合条件的合作社，允许财政补助形成的资产转交合作社持有和管护，允许合作社开展信用合作。鼓励和引导工商资本到农村发展适合企业化经营的现代种养业，向农业输入现代生产要素和经营模式。

……

2. 中共中央办公厅、国务院办公厅关于创新机制扎实推进农村扶贫开发工作的意见（中办发〔2013〕25号）

……

（五）完善金融服务机制。充分发挥政策性金融的导向作用，支持贫困地区基础设施建设和主导产业发展。引导和鼓励商业性金融机构创新金融产品和服务，增加贫困地区信贷投放。在防范风险前提下，加快推动农村合作金融发展，增强农村信用社支农服务功能，规范发展村镇银行、小额贷款公司和贫困村资金互助组织。完善扶贫贴息贷款政策，增加财政贴息资金，扩大扶贫贴息贷款规模。进一步推广小额信用贷款，推进农村青年创业小额贷款和妇女小额担保贷款工作。推动金融机构网点向贫困乡镇和社区延伸，改善农村支付环境，加快信用户、信用村、信用乡（镇）建设，发展农业担保机构，扩大农业保险覆盖面。改善对农业产业化龙头企业、家庭农场、农民合作社、农村残疾人扶贫基地等经营组织的金融服务。（中国人民银行、财政部、民政部、中国银监会、中国保监会、国务院扶贫办、人力资源和社会保障部、共青团中央、全国妇联、中国残联等）

……

3. 中共中央国务院关于全面深化农村改革加快推进农业现代化的若干意见（中发〔2014〕1号）

……

26. 发展新型农村合作金融组织。在管理民主、运行规范、带动力强的农民合作社和供销合作社基础上，培育发展农村合作金融，不断丰富农村地区金融机构类型。坚持社员制、封闭性原则，在不对外吸储放贷、不支付固定回报的前提下，推动社区性农村资金互助组织发展。完善地方农村金融管理体制，明确地方政府对新型农村合作金融监管职责，鼓励地方建立风险补偿基金，有效防范金融风险。适时制定农村合作金融发展管理办法。

……

4. 中共中央办公厅、国务院办公厅印发《关于引导农村土地经营权有序流转发展农业适度规模经营的意见》的通知（中办发〔2014〕61号）

……

（十三）加快发展农户间的合作经营。鼓励承包农户通过共同使用农业机械、开展联合营销等方式发展联户经营。鼓励发展多种形式的农民合作组织，深入推进示范社创建活动，促进农民合作社规范发展。在管理民主、运行规范、带动力强的农民合作社和供销合作社基础上，培育发展农村合作金融。引导发展农民专业合作社联合社，支持农民合作社开展农社对接。允许农民以承包经营权入股发展农业产业化经营。探索建立农户入股土地生产性能评价制度，按照耕地数量质量、参照当地土地经营权流转价格计价折股。

5. 国务院办公厅关于金融服务"三农"发展的若干意见（国办发〔2014〕17号）

（三）规范发展农村合作金融。坚持社员制、封闭性、民主管理原则，在不对外吸储放贷、不支付固定回报的前提下，发展农村合作金融。支持农民合作社开展信用合作，积极稳妥组织试点，抓紧制定相关管理办法。在符合条件的农民合作社和供销合作社基础上培育发展农村合作金融组织。有条件的地方，可探索建立合作性的村级融资担保基金。（银监会、人民银行、财政部、农业部、供销合作总社等按职责分工分别负责）

……

（三十四）防范金融风险。金融管理部门要按照职责分工，加强金融监管，着力做好风险识别、监测、评估、预警和控制工作，进一步发挥金融监管协调部际联席会议制度的作用，不断健全新形势下的风险处置机制，切实维护金融稳定。各金融机构要进一步健全制度，完善风险管理。地方人民政府要按照监管规则和要求，切实担负起对小额贷款公司、担保公司、典当行、农村资金互助合作组织的监管责任，层层落实突发金融风险事件处置的组织职责，制定完善风险应对预案，守住底线。

6. 国务院办公厅关于落实中共中央国务院关于全面深化农村改革加快推进农业现代化若干意见有关政策措施分工的通知（国办函〔2014〕31号）

（六十一）关于"完善地方农村金融管理体制，明确地方政府对新型农村合作金融监管职责，鼓励地方建立风险补偿基金，有效防范金融风险"和"适时制定农村合作金融发展管理办法"的问题，由中央编办、银监会、人民银行会同财政部、农业部等部门负责落实。

7. 中共中央国务院关于加大改革创新力度加快农业现代化建设的若干意见（中发〔2015〕1号）

24. 推进农村金融体制改革。要主动适应农村实际、农业特点、农民需求，不断深化农村金融改革创新。综合运用财政税收、货币信贷、金融监管等政策措施，推动金融资源继续向"三农"倾斜，确保农业信贷总量持续增加、涉农贷款比例不降低。完善涉农贷款统计制度，优化涉农贷款结构。延续并完善支持农村金融发展的有关税收政策。开展信贷资产质押再贷款试点，提供更优惠的支农再贷款利率。鼓励各类商业银行创新"三农"金融服务。农业银行三农金融事业部改革试点覆盖全部县域支行。农业发展银行要在强化政策性功能定位的同时，加大对水利、贫困地区公路等农业农村基础设施建设的贷款力度，审慎发展自营性业务。国家开发银行要创新服务"三农"融资模式，进一步加大对农业农村建设的中长期信贷投放。提高农村信用社资本实力和治理水平，牢牢坚持立足县域、服务"三农"的定位。鼓励邮政储蓄银行拓展农村金融业务。提高村镇银行在农村的覆盖面。积极探索新型农村合作金融发展的有效途径，稳妥开展农民合作社内部资金互助试点，落实地方政府监管责任。做好承包土地的经营权和农民住房财产权抵押担保贷款试点工作。鼓励开展"三农"融资担保业务，大力发展政府支持的"三农"融资担保和再担保机构，完善银担合作机制。支持银行业金融机构发行"三农"专项金融债，鼓励符合条件的涉农企业发行债券。开展大型农机具融资租赁试点。完善对新型农业经营主体的金融服务。强化农村普惠金融。继续加大小额担保财政贴息贷款等对农村妇女的支持力度。

……

30. 健全"三农"支持保护法律制度。研究制定规范各级政府"三农"事权的法律法规，明确规定中央和地方政府促进农业农村发展的支出责任。健全农业资源环境法律法规，依法推进耕地、水资源、森林草原、湿地滩涂等自然资源的开发保护，制定完善生态补偿和土壤、水、大气等污染防治法律法规。积极推动农村金融立法，明确政策性和商业性金融支农责任，促进新型农村合作金融、农业保险健康发展。加快扶贫开发立法。

8. 中共中央国务院关于深化供销合作社综合改革的决定（中发〔2015〕11号）

（七）稳步开展农村合作金融服务。发展农村合作金融，是解决农民融资难问题的重要途径，是合作经济组织增强服务功能、提升服务实力的现实需要。有条件的供销合作社要按照社员制、封闭性原则，在不对外吸储放贷、不支付固定回报的前提下，发展农村资金互助合作。有条件的供销合作社可依法设立农村互助合作保险组织，开展互助保险业务。允许符合条件的供销合作社企业依照法定程序开展发起设立中小型银行试点，增强为农服务能力。鼓励有条件的供销合作社设立融资租赁公司、小额贷款公司、融资性担保公司，与地方财政共同出资设立担保公司。供销合作社联合社、金融监管部门和地方政府要按照职责分工，承担起监管职责和风险处置责任，切实防范和化解金融风险。

……

（九）加快推进基层社改造。经济实力较强的基层社要扩大服务领域，积极发展生产合作、供销合作、消费合作、信用合作，加快办成以农民为主体的综合性合作社。对经济实力较弱的基层社，要采取政策引导、联合社帮扶、社有企业带动等多种方式，着力提升服务能力，通过服务密切与农民的联系，不断强化与农民的联合与合作。根据农民需求和供销合作社实际，逐步将已经承包或租赁的基层社网点纳入供销合作社经营服务体系；在没有基层社的地区加快经营服务网点建设，新建基层社要按照合作制原则规范创办。

9. 中共中央办公厅、国务院办公厅印发《关于深入推进农村社区建设试点工作的指导意见》的通知（中办发〔2015〕30号）

（三）畅通多元主体参与农村社区建设渠道。建立县级以上机关党员、干部到农村社区挂职任职、驻点包户制度。建立和完善党代表、人大代表、政协委员联系农村居民、支持农村社区发展机制。鼓励驻村机关、团体、部队、企事业单位支持、参与农村社区建设。拓宽外出发展人员和退休回乡人员参与农村社区建设渠道。依法确定村民委员会和农村集体经济组织以及各类经营主体的关系，保障农村集体经济组织独立开展经济活动的自主权，增强村集体经济组织支持农村社区建设的能力。推动发展新型农村合作金融组织、新型农民合作经济组织和社会组织，通过购买服务、直接资助、以奖代补、公益创投等方式，支持社区社会组织参与社区公共事务和公益事业，支持专业化社会服务组织到农村社区开展服务。

10. 中共中央国务院关于打赢脱贫攻坚战的决定（中发〔2015〕34号）

（十九）加大金融扶贫力度。……支持贫困地区培育发展农民资金互助组织，开展农民合作社信用合作试点。支持贫困地区设立扶贫贷款风险补偿基金。支持贫困地区设立政府出资的融资担保机构，重点开展扶贫担保业务。积极发展扶贫小额贷款保证保险，对贫困户保证保险保费予以补助。扩大农业保险覆盖面，通过中央财政以奖代补等支持贫困地区特色农产品保险发展。加强贫困地区金融服务基础设施建设，优化金融生态环境。支持贫困地区开展特色农产品价格保险，有条件的地方可给予一定保费补贴。有效拓展贫困地区抵押物担保范围。

11. 中共中央办公厅、国务院办公厅印发《深化农村改革综合性实施方案》的通知（中办发〔2015〕49号）

16. 加快农村金融制度创新。坚持商业性金融、合作性金融、政策性金融相结合，健全政策支持、公平准入和差异化监管制度，扩大农村金融服务规模和覆盖面，创新农村金融服务模式，全面提升农村金融服务水平，促进普惠金融发展，加快建立多层次、广覆盖、可持续、竞争适度、风险可控的现代农村金融体系。……坚持社员制、封闭性原则，在不对外吸储放贷、不支付固定回报的前提下，以具备条件的农民合作社为依托，稳妥开展农民合作社内部资金互助试点，引导其向"生产经营合作+信用合作"延伸。金融监管部门负责制定农村信用合作组织业务经营规则和监管规则，地方政府切实承担监管职责和风险处置责任。完善地方农村金融管理体制，推动地方建立市场化风险补偿机制，有效防范和化解地方金融风险。推进农村信用体系建设，开展新型农业经营主体信用评级与授信。完善农业保险制度，支持有条件的地区成立农业互助保险组织，扩大农业保险覆盖面，开发适合新型农业经营主体需求的保险品种，提高保障水平。深入开展农产品目标价格保险试点。研究完善农业保险大灾风险分散机制。

12. 国务院关于印发《推进普惠金融发展规划（2016—2020年）》的通知（国发〔2015〕74号）

积极探索新型农村合作金融发展的有效途径，稳妥开展农民合作社内部资金互助试点。注重建立风险损失吸收机制，加强与业务开展相适应的资本约束，规范发展新型农村合作金融。支持农村小额信贷组织发展，持续向农村贫困人群提供融资服务。

……

研究探索规范民间借贷行为的有关制度。推动制定非存款类放贷组织条例、典当业管理条例等法规。配套出台小额贷款公司管理办法、网络借贷管理办法等规定。通过法律法规明确从事扶贫小额信贷业务的组织或机构的定位。加快出台融资担保公司管理条例。推动修订农民专业合作社法，明确将农民合作社信用合作纳入法律调整范围。推动修订证券法，夯实股权众筹的法律基础。

13. 国务院办公厅关于推进农村一二三产业融合发展的指导意见（国办发〔2015〕93号）

（二十）创新农村金融服务。发展农村普惠金融，优化县域金融机构网点布局，推动农村基础金融服务全覆盖。综合运用奖励、补助、税收优惠等政策，鼓励金融机构与新型农业经营主体建立紧密合作关系，推广产业链金融模式，加大对农村产业融合发展的信贷支持。推进粮食生产规模经营主体营销贷款试点，稳妥有序开展农村承包土地的经营权、农民住房财产权抵押贷款试点。坚持社员制、封闭性、民主管理原则，发展新型农村合作金融，稳妥开展农民合作社内部资金互助试点。鼓励发展政府支持的"三农"融资担保和再担保机构，为农业经营主体提供担保服务。鼓励开展支持农村产业融合发展的融资租赁业务。积极推动涉农企业对接多层次资本市场，支持符合条件的涉农企业通过发行债券、资产证券化等方式融资。加强涉农信贷与保险合作，拓宽农业保险保单质押范围。（人民银行、财政部、银监会、证监会、保监会、农业部、发展改革委、税务总局等负责）

……

14. 中共中央、国务院关于落实发展新理念加快农业现代化实现全面小康目标的若干意见（中发〔2016〕1号）

24. 推动金融资源更多向农村倾斜。加快构建多层次、广覆盖、可持续的农村金融服务体系，发展农村普惠金融，降低融资成本，全面激活农村金融服务链条。进一步改善存取款、支付等基本金融服务。……创新村镇银行设立模式，扩大覆盖面。引导互联网金融、移动金融在农村规范发展。扩大在农民合作社内部开展信用合作试点的范围，健全风险防范化解机制，落实地方政府监管责任。

15. 国务院关于印发《全国农业现代化规划（2016—2020年）》的通知（国发〔2016〕58号）

（一）完善信贷支持政策。强化开发性金融、政策性金融对农业发展和农村基础设施建设的支持，建立健全对商业银行发展涉农金融业务的激励和考核机制，稳步推进农民合作社内部信用合作。针对金融机构履行支农责任情况，实施差别化的货币信贷政策措施。健全覆盖全国的农业信贷担保体系，建立农业信贷担保机构的监督考核和风险防控机制。稳妥推进农村承包土地的经营权和农民住房财产权抵押贷款试点，对稳粮增收作用大的高标准农田、先进装备、设施农业、加工流通贷款予以财政贴息支持。建立新型经营主体信用评价体系，对信用等级较高的实行贷款优先等措施。开展粮食生产规模经营主体营销贷款试点，推行农业保险保单质押贷款。

16. 国务院办公厅关于完善支持政策促进农民持续增收的若干意见（国办发〔2016〕87号）

（九）加强农村金融服务。加快构建多层次、广覆盖、可持续的农村金融体系，发展农村普惠金融。鼓励大中型商业银行加强对"三农"的金融支持，提升服务"三农"能力。创新村镇银行设立模式，支持民间资本参与发起设立村镇银行，提高覆盖面。规范发展农村合作金融，鼓励符合条件的农民合作社开展内部信用合作。积极引导互联网金融、产业资本开展农村金融服务。推进农村信用体系建设，健全农户、农民合作社、农村小微企业等信用信息征集和评价体系。有序推进农村承包土地的经营权和农民住房财产权抵押贷款试点，鼓励银行业金融机构在风险可控和商业可持续的前提下扩大农业农村贷款抵押物范围。（人民银行、银监会、证监会、农业部、国家林业局等负责）

17. 中共中央国务院关于深入推进农业供给侧结构性改革加快培育农业农村发展新动能的若干意见（中发〔2017〕1号）

29. 加快农村金融创新。规范发展农村资金互助组织，严格落实监管主体和责任。开展农民合作社内部信用合作试点，鼓励发展农业互助保险……严厉打击农村非法集资和金融诈骗。积极推动农村金融立法。

……

18. 中共中央办公厅、国务院办公厅印发《关于加快构建政策体系培育新型农业经营主体的意见》的通知（中办发〔2017〕38号）

（十）改善金融信贷服务。综合运用税收、奖补等政策，鼓励金融机构创新产品和服务，加大对新型农业经营主体、农村产业融合发展的信贷支持。建立健全全国农业信贷担保体系，确保对从事粮食生产和农业适度规模经营的新型农业经营主体的农业信贷担保余额不得低于总担保规模的70%。支持龙头企业为其带动的农户、家庭农场和农民合作社提供贷款担保。有条件的地方可建立市场化林权收储机构，为林业生产贷款提供林权收储担保的机构给予风险补偿。稳步推进农村承包土地经营权和农民住房财产权抵押贷款试点，探索开展粮食生产规模经营主体营销贷款和大型农机具融资租赁试点，积极推动厂房、生产大棚、渔船、大型农机具、农田水利设施产权抵押贷款和生产订单、农业保单融资。鼓励发展新型农村合作金融，稳步扩大农民合作社内部信用合作试点。建立新型农业经营主体生产经营直报系统，点对点对接信贷、保险和补贴等服务，探索建立新型农业经营主体信用评价体系，对符合条件的灵活确定贷款期限，简化审批流程，对正常生产经营、信用等级高的可以实行贷款优先等措施。积极引导互联网金融、产业资本依法依规开展农村金融服务。

……

19. 中共中央 国务院《乡村振兴战略规划(2018—2022年)》

第三十五章　加大金融支农力度

健全适合农业农村特点的农村金融体系,把更多金融资源配置到农村经济社会发展的重点领域和薄弱环节,更好地满足乡村振兴多样化金融需求。

第一节　健全金融支农组织体系

发展乡村普惠金融。深入推进银行业金融机构专业化体制机制建设,形成多样化农村金融服务主体。……支持中小型银行优化网点渠道建设,下沉服务重心。推动农村信用社省联社改革,保持农村信用社县域法人地位和数量总体稳定,完善村镇银行准入条件。引导农民合作金融健康有序发展。

20. 中国人民银行 银保监会 证监会 财政部 农业农村部关于金融服务乡村振兴的指导意见

(六)强化农村中小金融机构支农主力军作用。……积极发挥小额贷款公司等其他机构服务乡村振兴的有益补充作用,探索新型农村合作金融发展的有效途径,稳妥开展农民合作社内部信用合作试点。

21. 中国银行业监督管理委员会关于印发《农村资金互助社管理暂行规定》的通知（银监发〔2007〕7号）

各银监局：

为做好调整放宽农村地区银行业金融机构准入政策的试点工作，银监会制定了《农村资金互助社管理暂行规定》。现印发给你们，请遵照执行。

请各银监局速将本通知转发至辖内各银监分局。组建过程中遇到的问题，要及时向银监会报告。

二○○七年一月二十二日

农村资金互助社管理暂行规定

第一章 总 则

第一条 为加强农村资金互助社的监督管理，规范其组织和行为，保障农村资金互助社依法、稳健经营，改善农村金融服务，根据《中华人民共和国银行业监督管理法》等有关法律、行政法规和规章，制定本规定。

第二条 农村资金互助社是指经银行业监督管理机构批准，由乡（镇）、行政村农民和农村小企业自愿入股组成，为社员提供存款、贷款、结算等业务的社区互助性银行业金融机构。

第三条 农村资金互助社实行社员民主管理，以服务社员为宗旨，谋求社员共同利益。

第四条 农村资金互助社是独立的企业法人，对由社员股金、积累及合法取得的其他资产所形成的法人财产，享有占有、使用、收益和处分的权利，并以上述财产对债务承担责任。

第五条 农村资金互助社的合法权益和依法开展经营活动受法律保护，

任何单位和个人不得侵犯。

第六条 农村资金互助社社员以其社员股金和在本社的社员积累为限对该社承担责任。

第七条 农村资金互助社从事经营活动,应遵守有关法律法规和国家金融方针政策,诚实守信,审慎经营,依法接受银行业监督管理机构的监管。

第二章 机构设立

第八条 农村资金互助社应在农村地区的乡(镇)和行政村以发起方式设立。其名称由所在地行政区划、字号、行业和组织形式依次组成。

第九条 设立农村资金互助社应符合以下条件:

(一)有符合本规定要求的章程;

(二)有10名以上符合本规定社员条件要求的发起人;

(三)有符合本规定要求的注册资本。在乡(镇)设立的,注册资本不低于30万元人民币,在行政村设立的,注册资本不低于10万元人民币,注册资本应为实缴资本;

(四)有符合任职资格的理事、经理和具备从业条件的工作人员;

(五)有符合要求的营业场所,安全防范设施和与业务有关的其他设施;

(六)有符合规定的组织机构和管理制度;

(七)银行业监督管理机构规定的其他条件。

第十条 设立农村资金互助社,应当经过筹建与开业两个阶段。

第十一条 农村资金互助社申请筹建,应向银行业监督管理机构提交以下文件、资料:

(一)筹建申请书;

(二)筹建方案;

(三)发起人协议书;

(四)银行业监督管理机构要求的其他文件、资料。

第十二条 农村资金互助社申请开业,应向银行业监督管理机构提交以下文件、资料:

(一)开业申请;

（二）验资报告；

（三）章程（草案）；

（四）主要管理制度；

（五）拟任理事、经理的任职资格申请材料及资格证明；

（六）营业场所、安全防范设施等相关资料；

（七）银行业监督管理机构规定的其他文件、资料。

第十三条　农村资金互助社章程应当载明以下事项：

（一）名称和住所；

（二）业务范围和经营宗旨；

（三）注册资本及股权设置；

（四）社员资格及入社、退社和除名；

（五）社员的权利和义务；

（六）组织机构及其产生办法、职权和议事规则；

（七）财务管理和盈余分配、亏损处理；

（八）解散事由和清算办法；

（九）需要规定的其他事项。

第十四条　农村资金互助社的筹建申请由银监分局受理并初步审查，银监局审查并决定；开业申请由银监分局受理、审查并决定。银监局所在城市的乡（镇）、行政村农村资金互助社的筹建、开业申请，由银监局受理、审查并决定。

第十五条　经批准设立的农村资金互助社，由银行业监督管理机构颁发金融许可证，并按工商行政管理部门规定办理注册登记，领取营业执照。

第十六条　农村资金互助社不得设立分支机构。

第三章　社员和股权管理

第十七条　农村资金互助社社员是指符合本规定要求的入股条件，承认并遵守章程，向农村资金互助社入股的农民及农村小企业。章程也可以限定其社员为某一农村经济组织的成员。

第十八条　农民向农村资金互助社入股应符合以下条件：

（一）具有完全民事行为能力；

（二）户口所在地或经常居住地（本地有固定住所且居住满 3 年）在入股农村资金互助社所在乡（镇）或行政村内；

（三）入股资金为自有资金且来源合法，达到章程规定的入股金额起点；

（四）诚实守信，声誉良好；

（五）银行业监督管理机构规定的其他条件。

第十九条　农村小企业向农村资金互助社入股应符合以下条件：

（一）注册地或主要营业场所在入股农村资金互助社所在乡（镇）或行政村内；

（二）具有良好的信用记录；

（三）上一年度盈利；

（四）年终分配后净资产达到全部资产的 10% 以上（合并会计报表口径）；

（五）入股资金为自有资金且来源合法，达到章程规定的入股金额起点；

（六）银行业监督管理机构规定的其他条件。

第二十条　单个农民或单个农村小企业向农村资金互助社入股，其持股比例不得超过农村资金互助社股金总额的 10%，超过 5% 的应经银行业监督管理机构批准。

社员入股必须以货币出资，不得以实物、贷款或其他方式入股。

第二十一条　农村资金互助社应向入股社员颁发记名股金证，作为社员的入股凭证。

第二十二条　农村资金互助社的社员享有以下权利：

（一）参加社员大会，并享有表决权、选举权和被选举权，按照章程规定参加该社的民主管理；

（二）享受该社提供的各项服务；

（三）按照章程规定或者社员大会（社员代表大会）决议分享盈余；

（四）查阅该社的章程和社员大会（社员代表大会）、理事会、监事会的决议、财务会计报表及报告；

（五）向有关监督管理机构投诉和举报；

（六）章程规定的其他权利。

第二十三条　农村资金互助社社员参加社员大会，享有一票基本表决权；出资额较大的社员按照章程规定，可以享有附加表决权。该社的附加表决权总票数，不得超过该社社员基本表决权总票数的20%。享有附加表决权的社员及其享有的附加表决权数，应当在每次社员大会召开时告知出席会议的社员。章程可以限制附加表决权行使的范围。

社员代表参加社员代表大会，享有一票表决权。

不能出席会议的社员（社员代表）可授权其他社员（社员代表）代为行使其表决权。授权应采取书面形式，并明确授权内容。

第二十四条　农村资金互助社社员承担下列义务：

（一）执行社员大会（社员代表大会）的决议；

（二）向该社入股；

（三）按期足额偿还贷款本息；

（四）按照章程规定承担亏损；

（五）积极向本社反映情况，提供信息；

（六）章程规定的其他义务。

第二十五条　农村资金互助社社员不得以所持本社股金为自己或他人担保。

第二十六条　农村资金互助社社员的股金和积累可以转让、继承和赠予，但理事、监事和经理持有的股金和积累在任职期限内不得转让。

第二十七条　同时满足以下条件，社员可以办理退股。

（一）社员提出全额退股申请；

（二）农村资金互助社当年盈利；

（三）退股后农村资金互助社资本充足率不低于8%；

（四）在本社没有逾期未偿还的贷款本息。

要求退股的，农民社员应提前3个月，农村小企业社员应提前6个月向理事会或经理提出，经批准后办理退股手续。退股社员的社员资格在完成退股手续后终止。

第二十八条　社员在其资格终止前与农村资金互助社已订立的合同，应当继续履行；章程另有规定或者与该社另有约定的除外。

第二十九条　社员资格终止的，农村资金互助社应当按照章程规定的方式、期限和程序，及时退还该社员的股金和积累份额。社员资格终止的当年不享受盈余分配。

第四章　组织机构

第三十条　农村资金互助社社员大会由全体社员组成，是该社的权力机构。社员超过100人的，可以由全体社员选举产生不少于31名的社员代表组成社员代表大会，社员代表大会按照章程规定行使社员大会职权。

社员大会（社员代表大会）行使以下职权：

（一）制定或修改章程；

（二）选举、更换理事、监事以及不设理事会的经理；

（三）审议通过基本管理制度；

（四）审议批准年度工作报告；

（五）审议决定固定资产购置以及其他重要经营活动；

（六）审议批准年度财务预、决算方案和利润分配方案、弥补亏损方案；

（七）审议决定管理和工作人员薪酬；

（八）对合并、分立、解散和清算等做出决议；

（九）章程规定的其他职权。

第三十一条　农村资金互助社召开社员大会（社员代表大会），出席人数应当达到社员（社员代表）总数三分之二以上。

社员大会（社员代表大会）选举或者做出决议，应当由该社社员（社员代表）表决权总数过半数通过；做出修改章程或者合并、分立、解散和清算的决议应当由该社社员表决权总数的三分之二以上通过。章程对表决权数有较高规定的，从其规定。

第三十二条　农村资金互助社社员大会（社员代表大会）每年至少召开一次，有以下情形之一的，应当在20日内召开临时社员大会（社员代表大会）：

（一）三分之一以上的社员提议；

（二）理事会、监事会、经理提议；

（三）章程规定的其他情形。

第三十三条 农村资金互助社社员大会（社员代表大会）由理事会召集，不设理事会的由经理召集，应于会议召开15日前将会议时间、地点及审议事项通知全体社员（社员代表）。章程另有规定的除外。

第三十四条 农村资金互助社召开社员大会（社员代表大会）、理事会应提前5个工作日通知属地银行业监督管理机构，银行业监督管理机构有权参加。

社员大会（社员代表大会）、理事会决议应在会后10日内报送银行业监督管理机构备案。

第三十五条 农村资金互助社原则上不设理事会，设立理事会的，理事不少于3人，设理事长1人，理事长为法定代表人。理事会的职责及议事规则由章程规定。

第三十六条 农村资金互助社设经理1名（可由理事长兼任），未设理事会的，经理为法定代表人。经理按照章程规定和社员大会（社员代表大会）的授权，负责该社的经营管理。

经理事会、监事会同意，经理可以聘任（解聘）财务、信贷等工作人员。

第三十七条 农村资金互助社理事、经理任职资格需经属地银行业监督管理机构核准。农村资金互助社理事长、经理应具备高中或中专及以上学历，上岗前应通过相应的从业资格考试。

第三十八条 农村资金互助社应设立由社员、捐赠人以及向其提供融资的金融机构等利益相关者组成的监事会，其成员一般不少于3人，设监事长1人。监事会按照章程规定和社员大会（社员代表大会）授权，对农村资金互助社的经营活动进行监督。监事会的职责及议事规则由章程规定。

农村资金互助社经理和工作人员不得兼任监事。

第三十九条 农村资金互助社的理事、监事、经理和工作人员不得有以下行为：

（一）侵占、挪用或者私分本社资产；

（二）将本社资金借贷给非社员或者以本社资产为他人提供担保；

（三）从事损害本社利益的其他活动。

违反上述规定所得的收入，应当归本社所有；造成损失的，应当承担赔偿责任。

第四十条　执行与农村资金互助社业务有关公务的人员不得担任农村资金互助社的理事长、经理和工作人员。

第五章　经营管理

第四十一条　农村资金互助社以吸收社员存款、接受社会捐赠资金和向其他银行业金融机构融入资金作为资金来源。

农村资金互助社接受社会捐赠资金，应由属地银行业监督管理机构对捐赠人身份和资金来源合法性进行审核；向其他银行业金融机构融入资金应符合本规定要求的审慎条件。

第四十二条　农村资金互助社的资金应主要用于发放社员贷款，满足社员贷款需求后确有富余的可存放其他银行业金融机构，也可购买国债和金融债券。

农村资金互助社发放大额贷款、购买国债或金融债券、向其他银行业金融机构融入资金，应事先征求理事会、监事会意见。

第四十三条　农村资金互助社可以办理结算业务，并按有关规定开办各类代理业务。

第四十四条　农村资金互助社开办其他业务应经属地银行业监督管理机构及其他有关部门批准。

第四十五条　农村资金互助社不得向非社员吸收存款、发放贷款及办理其他金融业务，不得以该社资产为其他单位或个人提供担保。

第四十六条　农村资金互助社根据其业务经营需要，考虑安全因素，应按存款和股金总额一定比例合理核定库存现金限额。

第四十七条　农村资金互助社应审慎经营，严格进行风险管理：

（一）资本充足率不得低于8%；

（二）对单一社员的贷款总额不得超过资本净额的15%；

（三）对单一农村小企业社员及其关联企业社员、单一农民社员及其在同一户口簿上的其他社员贷款总额不得超过资本净额的20%；

（四）对前十大户贷款总额不得超过资本净额的50%；

（五）资产损失准备充足率不得低于100%；

（六）银行业监督管理机构规定的其他审慎要求。

第四十八条　农村资金互助社执行国家有关金融企业的财务制度和会计准则，设置会计科目和法定会计账册，进行会计核算。

第四十九条　农村资金互助社应按照财务会计制度规定提取呆账准备金，进行利润分配，在分配中应体现多积累和可持续的原则。

农村资金互助社当年如有未分配利润（亏损）应全额计入社员积累，按照股金份额量化至每个社员。

第五十条　农村资金互助社监事会负责对本社进行内部审计，并对理事长、经理进行专项审计、离任审计，审计结果应当向社员大会（社员代表大会）报告。

社员大会（社员代表大会）也可以聘请中介机构对本社进行审计。

第五十一条　农村资金互助社应按照规定向社员披露社员股金和积累情况、财务会计报告、贷款及经营风险情况、投融资情况、盈利及其分配情况、案件和其他重大事项。

第五十二条　农村资金互助社应按规定向属地银行业监督管理机构报送业务和财务报表、报告及相关资料，并对所报报表、报告和相关资料的真实性、准确性、完整性负责。

第六章　监督管理

第五十三条　银行业监督管理机构按照审慎监管要求对农村资金互助社进行持续、动态监管。

第五十四条　银行业监督管理机构根据农村资金互助社的资本充足和资产风险状况，采取差别监管措施。

（一）资本充足率大于8%、不良资产率在5%以下的，可向其他银行业金融机构融入资金，属地银行业监督管理部门有权依据其运营状况和信用程度提出相应的限制性措施。银行业监督管理机构可适当降低对其现场检查频率；

（二）资本充足率低于8%大于2%的，银行业监督管理机构应禁止其向其他银行业金融机构融入资金，限制其发放贷款，并加大非现场监管及现场检查的力度；

（三）资本充足率低于2%的，银行业监督管理机构应责令其限期增扩股金、清收不良贷款、降低资产规模，限期内未达到规定的，要求其自行解散或予以撤销。

第五十五条　农村资金互助社违反本规定其他审慎性要求的，银行业监督管理机构应责令其限期整改，并采取相应监管措施。

第五十六条　农村资金互助社违反有关法律、法规，存在超业务范围经营、账外经营、设立分支机构、擅自变更法定变更事项等行为的，银行业监督管理机构应责令其改正，并按《中华人民共和国银行业监督管理法》和《金融违法行为处罚办法》等法律法规进行处罚；对理事、经理、工作人员的违法违规行为，可责令农村资金互助社给予处分，并视不同情形，对理事、经理给予取消一定期限直至终身任职资格的处分；构成犯罪的，移交司法机关，依法追究刑事责任。

第五十七条　本规定的处罚，由银行业监督管理机构按其监管权限决定并组织实施。当事人对处罚决定不服的，可以向作出处罚决定的银行业监督管理机构的上一级机构提请行政复议；对行政复议决定不服的，可向人民法院申请行政诉讼。

第七章　合并、分立、解散和清算

第五十八条　农村资金互助社合并，应当自合并决议做出之日起10日内通知债权人。合并各方的债权、债务应当由合并后存续或者新设的机构承继。

第五十九条　农村资金互助社分立，其财产作相应的分割，并应当自分立决议做出之日起10日内通知债权人。分立前的债务由分立后的机构承担连带责任，但在分立前与债权人就债务清偿达成书面协议另有约定的除外。

第六十条　农村资金互助社因以下原因解散：

（一）章程规定的解散事由出现；

（二）社员大会决议解散；

（三）因合并或者分立需要解散；

（四）依法被吊销营业执照或者被撤销。

因前款第一项、第二项、第四项原因解散的，应当在解散事由出现之日起15日内由社员大会推举成员组成清算组，开始解散清算。逾期不能组成清算组的，社员、债权人可以向人民法院申请指定社员组成清算组进行清算。

第六十一条　清算组自成立之日起接管农村资金互助社，负责处理与清算有关未了结业务，清理财产和债权、债务，分配清偿债务后的剩余财产，代表农村资金互助社参与诉讼、仲裁或者其他法律事宜。

第六十二条　农村资金互助社因本规定第六十条第一款的原因解散不能办理社员退股。

第六十三条　清算组负责制定包括清偿农村资金互助社员工的工资及社会保险费用，清偿所欠税款和其他各项债务，以及分配剩余财产在内的清算方案，经社员大会通过后实施。

第六十四条　清算组成员应当忠于职守，依法履行清算义务，因故意或者重大过失给农村资金互助社社员及债权人造成损失的，应当承担赔偿责任。

第六十五条　农村资金互助社因解散、被撤销而终止的，应当向发证机关缴回金融许可证，及时到工商行政管理部门办理注销登记，并予以公告。

第八章　附　则

第六十六条　本规定所称农村地区，是指中西部、东北和海南省的县（市）及县（市）以下地区，以及其他省（自治区、直辖市）的国定贫困县和省定贫困县及县以下地区。

第六十七条　本规定由中国银行业监督管理委员会负责解释。

第六十八条　本规定自发布之日起施行。

22. 中国银监会办公厅关于印发《农村资金互助社示范章程》的通知（银监办发〔2007〕51号）

各银监局：

现将《农村资金互助社示范章程》印发给你们，请转发辖内银监分局，供各地在组建农村资金互助社工作中参考。

二〇〇七年二月四日

农村资金互助社示范章程

第一章 总 则

第一条 为维护××农村资金互助社（以下简称本社）社员和债权人的合法权益，规范本社的组织和行为，根据《农村资金互助社管理暂行规定》，制定本章程。

第二条 本社注册名称：

注册资本：

本社住所：

邮政编码：

第三条 本社是经银行业监督管理机构批准，由××县（市）××乡（镇）或行政村农民和农村小企业自愿入股组成，为社员提供存款、贷款、结算等业务的社区互助性银行业金融机构。

[或：本社是经银行业监督管理机构批准，由××县（市）××乡（镇）或行政村××经济组织的农民和农村小企业自愿入股组成，为社员提供存款、贷款、结算等业务的社区互助性银行业金融机构］

本社不设立分支机构。

第四条　本社实行社员民主管理，以服务社员为宗旨，谋求社员共同利益。

第五条　本社依据《农村资金互助社管理暂行规定》设立，在工商管理部门进行登记，取得法人资格，对由社员股金、积累以及合法取得的其他资产所形成的法人财产，享有占有、使用、收益和处分的权利，并以全部法人财产对本社债务承担责任。

第六条　本社的财产、合法权益和依法经营活动受法律保护，任何单位和个人不得侵犯和非法干预。

第七条　本社社员以其社员股金和在本社的社员积累为限对本社的债务承担责任。

第八条　本章程自生效之日起，即成为规范本社的组织与行为、本社与社员、社员与社员之间权利义务关系的具有法律约束力的文件。

第九条　本社遵守国家有关法律、行政法规和规章，执行国家金融方针和政策，依法接受银行业监督管理机构的监管。

第二章　业务范围

第十条　经银行业监督管理机构批准，本社经营以下业务：

（一）办理社员存款、贷款和结算业务；

（二）买卖政府债券和金融债券；

（三）办理同业存放；

（四）办理代理业务；

（五）向其他银行业金融机构融入资金（符合审慎要求）；

（六）经银行业监督管理机构批准的其他业务。

第三章　社　员

第十一条　本社社员是指符合本章程规定的入股条件，承认并遵守本章程，向本社入股的农民及农村小企业。

（或：本社社员是指符合本章程规定的入股条件，承认并遵守本章程，向本社入股的××农村经济组织的农民和农村小企业成员）

第十二条　农民向本社入股应符合以下条件：

（一）具有完全民事行为能力；

（二）户口所在地或经常居住地（本地有固定住所且居住满3年）在本社所在的××乡（镇）或行政村内；

（三）入股资金为自有资金且来源合法，达到本章程规定的入股金额起点；

（四）诚实守信，声誉良好；

（五）本章程规定的其他条件。

第十三条　农村小企业向本社入股应符合以下条件：

（一）注册地或主要营业场所在本社所在的××乡（镇）或行政村内；

（二）具有良好的信用记录；

（三）上一年度盈利；

（四）年终分配后净资产达到全部资产的10%以上（合并会计报表口径）；

（五）入股资金为自有资金且来源合法，达到本章程规定的入股金额起点；

（六）本章程规定的其他条件。

第十四条　本社社员享有以下权利：

（一）参加社员大会，并享有表决权、选举权和被选举权，按照章程规定参加本社的民主管理；

（二）享受本社提供的各项服务；

（三）按照章程规定或者社员大会（社员代表大会）决议分享盈余；

（四）查阅本社的章程和社员大会（社员代表大会）、理事会、监事会的决议、财务会计报表及报告；

（五）向有关监督管理机构投诉和举报；

（六）本章程规定的其他权利。

第十五条　本社社员承担以下义务：

（一）向本社入股；

（二）执行社员大会（社员代表大会）的决议；

（三）按期足额偿还贷款本息；

（四）按本章程规定承担亏损；

（五）积极向本社反映情况、提供信息；

（六）本章程规定的其他义务。

第四章 股权管理

第十六条 本社每个农民社员入股金额起点为×元，每个农村小企业社员入股金额起点为×元，入股金额为元的整数倍。单个农民社员或单个农村小企业社员入股金额不得超过本社股金总额的10%。

第十七条 社员缴纳股金必须以货币出资，不得以实物、贷款或其他方式入股。

第十八条 本社向入股社员发放记名股金证，作为社员的入股凭证。

第十九条 本社社员持有的股金和积累可以转让、继承和赠予，但理事、监事和经理持有的股金和积累在任职期限内不得转让。

第二十条 本社社员不得以所持本社股金和积累为自己或他人担保。

第二十一条 同时满足以下条件，本社社员可以办理退股。

（一）社员提出全额退股申请；

（二）本社当年盈利；

（三）退股后本社资本充足率不低于8%；

（四）在本社没有逾期未偿还的贷款本息。

第二十二条 凡要求退股的，农民社员应提前3个月，农村小企业社员应提前6个月向理事会（不设理事会的向经理）提出，经批准后办理退股手续。退股社员的社员资格在完成退股手续后终止。

第二十三条 社员在其资格终止前与本社已订立的合同，应当继续履行。

第二十四条 社员资格终止后的1个月内，本社以现金形式返还该社员的股金和积累份额；社员资格终止的当年不享受盈余分配。

第二十五条 具备以下情形之一的社员，经理事会（不设理事会的由经理）批准，可予以除名，被除名社员如有未归还贷款，以该社员在本社的股金和社员积累予以抵扣，不足以抵扣的部分，该社员应通过其他方式偿还。

（一）不遵守本社章程；

（二）其行为给本社名誉和利益带来严重危害；

（三）以欺骗手段从本社取得贷款；

（四）恶意逃废在本社的债务；

（五）社员大会（社员代表大会）认为需要除名的其他情形。

第二十六条　本社建立社员名册，社员名册载明以下事项：

（一）社员的姓名或名称、身份证号码或企业法人代码、住所；

（二）社员所持股金金额、投票权确认数；

（三）社员所持股金证书的编号；

（四）社员缴纳股金日期。

第五章　组织机构

第二十七条　社员大会（社员代表大会）是本社的权力机构，由全体社员［社员代表（社员代表按照社员数量（或入股比例）分别从农民社员和农村小企业社员中由全体社员选举产生，本社社员代表大会由×名代表组成，每届任期3年，可连选连任）］组成。社员大会（社员代表大会）行使以下职权：

（一）制定或修改章程；

（二）选举和更换理事（不设理事会的选举经理）、监事；

（三）审议通过本社的发展规划；

（四）审议通过本社的基本管理制度；

（五）审议批准理事会（不设理事会的为经理）、监事会年度工作报告；

（六）审议决定固定资产购置以及其他重要经营事项；

（七）审议批准年度财务预、决算方案和利润分配方案、弥补亏损方案；

（八）审议决定管理和工作人员薪酬；

（九）对合并、分立、解散和清算等做出决议；

（十）本章程规定的其他职权。

第二十八条　社员大会（社员代表大会）由理事会（不设理事会的由经理）召集，每年至少召开1次；经三分之一以上的社员（社员代表）提议，或理事会（不设理事会的由经理）、监事会提议，可在 20 日内召开临时社员大会（社员代表大会）。理事会（不设理事会的由经理）应当将会议召开时间、地点及审议事项于会议召开 15 日前通知全体社员（社员代表）。

第二十九条 召开社员大会（社员代表大会）必须有三分之二以上的社员（社员代表）出席。不能出席会议的社员（社员代表）可授权其他社员（社员代表）代其行使表决权。授权采取书面形式，并明确授权内容。

社员大会（社员代表大会）选举或者做出决议，应当由本社社员（社员代表）表决权总数过半数通过；做出修改章程、选举经理（不设理事会的）或者合并、分立、解散和清算的决议应当由本社社员（社员代表）表决权总数的三分之二以上通过。

第三十条 本社社员参加社员大会，享有一票基本表决权。入股金额前×名的农民社员、前×名的农村小企业社员在基本表决权外，共同享有本社基本表决权总数 20%的附加表决权（享有附加表决权的农民社员、农村小企业社员合计一般不超过 10 名），并按照农民社员和农村小企业社员的入股金额或比例进行分配。享有附加表决权的社员及其享有的附加表决权票数，在每次社员大会召开时告知出席会议的社员。

社员代表参加社员代表大会，享有一票表决权。

第三十一条 理事会是本社的执行机构，由×名（不少于 3 名，应为奇数）理事组成，社员大会（社员代表大会）选举和更换，每届任期三年，可连选连任。理事会设理事长 1 人，为本社法定代表人，由理事会选举产生，经三分之二以上理事表决通过。除理事长外，本社不设专职理事。

第三十二条 理事会会议由理事长召集和主持。每年年度至少召开 2 次，必要时可随时召开。理事会行使以下职权：

（一）召集社员大会（社员代表大会），并向社员大会（社员代表大会）报告工作；

（二）执行社员大会（社员代表大会）决议；

（三）选举和更换理事长；

（四）拟订本社的发展规划；

（五）审议决定本社的年度经营计划；

（六）拟订固定资产购置以及经营活动中其他重大事项计划；

（七）对经理拟订的大额贷款、国债和金融债券投资、向其他银行业金融机构融入资金的计划提出审核意见；

（八）聘任和解聘本社经理；

（九）对经理提出的拟聘用（解聘）财务、信贷等工作人员提出审核意见；

（十）审议通过经理的工作报告；

（十一）制定本社的内部管理制度；

（十二）拟订本社年度财务预、决算方案和利润分配方案、亏损弥补方案；

（十三）拟订本社的分立、合并、解散和清算方案；

（十四）社员大会（社员代表大会）授予的其他职权。

不设理事会的，第（五）项、第（八）项、第（十）项职权由社员大会（社员代表大会）行使；第（一）项、第（二）项、第（四）项、第（六）项、第（十一）项、第（十二）项、第（十三）项职权由经理行使；第（七）项、第（九）项职权由监事会行使。

第三十三条　监事会是本社的监督机构，由×名（不少于3人，应为奇数）监事组成。监事由社员、捐赠人以及向本社提供融资的金融机构等利益相关者担任，由社员大会（社员代表大会）选举和更换，每届任期3年，可连选连任。监事会设监事长1名，由监事会选举产生，经三分之二以上监事表决通过。本社经理和工作人员不得兼任监事。本社不设专职监事。

第三十四条　监事会会议由监事长召集和主持，每半年至少召开1次，必要时可随时召开。监事会行使以下职权：

（一）派代表列席理事会会议；

（二）监督本社执行相关法律、行政法规和规章；

（三）对理事会决议和经理的决定提出质询；

（四）监督本社的经营管理和财务管理；

（五）进行内部审计，并对理事长、经理进行专项审计和离任审计；

（六）对经理拟聘用（解聘）财务、信贷等工作人员提出审核意见，对经理拟订的大额贷款、国债和金融债券、向其他银行业金融机构融入资金的计划提出审核意见；

（七）向社员大会（社员代表大会）报告工作；

（八）本社章程规定的其他职权。

第三十五条　本社设经理1名，由理事会聘任［不设理事会的由社员大会（社员代表大会）选举产生］，经理可由理事长兼任。经理全面负责本社的经营管理工作，行使以下职权：

（一）主持本社的经营管理工作，组织实施理事会的决议［不设理事会的组织实施社员大会（社员代表大会）决议］；

（二）拟订本社的内部管理制度；

（三）拟订本社的年度经营计划；

（四）提出拟聘用（解聘）财务、信贷等工作人员意见，以及大额贷款、国债和金融债券投资、向其他银行业金融机构融入资金的计划，征得理事会、监事会同意后实施；

（五）理事会授予的其他职权（不设理事会的，由社员大会（社员代表大会）授权）。

第三十六条　理事长、经理和工作人员的薪酬由社员大会（社员代表大会）决定，本社不向其他理事、监事支付薪酬。

第三十七条　本社的理事、监事、经理和工作人员不得有以下行为：

（一）侵占、挪用或者私分本社资产；

（二）将本社资金借贷给非社员或者以本社资产为他人提供担保；

（三）从事损害本社利益的其他活动。

违反上述规定所得的收入，归本社所有；造成损失的，应当承担赔偿责任。

第三十八条　执行与本社业务有关公务的人员不得担任本社的理事长、经理和工作人员。

第六章　业务、财务管理

第三十九条　本社以吸收社员存款、接受社会捐赠资金和符合审慎要求向其他银行业金融机构融入资金作为资金来源。

第四十条　本社的资金应主要用于发放社员贷款,满足社员贷款需求后确有富余可存放其他银行业金融机构,也可购买国债和金融债券。

第四十一条　本社办理社员结算业务,并按有关规定开办各类代理业务。

第四十二条　本社不向非社员吸收存款、发放贷款及办理其他金融业务,不以本社资产为其他单位或个人提供担保。

第四十三条　本社按存款和股金总额的×%以内留存库存现金。

第四十四条　本社按照审慎经营原则,严格进行风险管理:

(一)资本充足率不低于8%;

(二)对单一社员的贷款总额不超过资本净额的15%;

(三)对单一农村小企业社员及其关联小企业社员、单一农民社员及其在同一户口簿上的其他社员贷款总额不超过资本净额的20%;

(四)对前十大户贷款总额不超过资本净额的50%;

(五)资产损失准备充足率不低于100%;

(六)银行业监督管理机构规定的其他审慎要求。

第四十五条　本社执行国家有关金融企业的财务制度与会计准则,设置会计科目和法定会计账册,进行会计核算。

第四十六条　本社会计年度为公历1月1日至12月31日,在每一会计年度终了时制作财务会计报表及报告,并于召开社员大会(社员代表大会)的20日前置备于本社,供社员查阅。

第四十七条　本社应按照财务会计制度规定提取呆账准备金,进行利润分配。

第四十八条　本社的税后利润按以下顺序分配:

(一)弥补本社以前年度社员积累的亏损;

(二)提取法定盈余公积金(按税后利润(减弥补亏损)不低于10%的比例提取);

(三)按年末风险资产余额1%的比例提取一般准备;

(四)向社员分配红利;

(五)向社员分配社员积累。

第四十九条　本社的法定盈余公积金累计达到注册资本的50%时，可不再提取。法定盈余公积金可用于弥补以前年度的亏损，但转增股金时，以转增后留存的法定盈余公积金不少于注册资本的25%为限。

第五十条　本社向社员分配红利的比例原则上不超过一年定期存款利率。当年如有未分配利润（亏损）全额计入社员积累，按照股金份额量化至每个社员，并设立专户管理。

第五十一条　本社除法定会计账册外，不得另立会计账册。

第五十二条　本社按照规定向社员披露社员股金和社员积累情况、财务会计报告、贷款发放及其风险情况、投融资情况、盈利及其分配情况、案件和其他重大事项。

第五十三条　本社按规定向属地银行业监督管理机构报送业务、财务报表、报告和相关资料，并对所报报表、报告和相关资料的真实性、准确性、完整性负责。

第七章　合并、分立、解散和清算

第五十四条　本社合并，自合并决议做出之日起10日内通知债权人。合并各方的债权、债务由合并后存续或者新设的机构承继。

第五十五条　本社分立，将财产作相应的分割，自分立决议做出之日起10日内通知债权人。分立前的债务由分立后的机构承担连带责任，但在分立前与债权人就债务清偿达成书面协议另有约定的除外。

第五十六条　本社因以下原因解散：

（一）社员大会决议解散；

（二）因合并或者分立需要解散；

（三）依法被吊销营业执照或者被撤销。

因第（一）项、第（三）项原因解散的，在解散事由出现之日起15日内由社员大会推举成员组成清算组，开始解散清算。逾期不能组成清算组的，由社员、债权人向人民法院申请指定成员组成清算组进行清算。

第五十七条　清算组自成立之日起接管本社，负责处理与清算有关未了结业务，清理财产和债权、债务，分配清偿债务后的剩余财产，代表本社参与诉讼、仲裁或者其他法律事宜，并在清算结束时向银行业监督管理机构缴回金融许可证，到工商行政管理部门办理注销登记，并予以公告。

第五十八条　清算组负责制定包括清偿本社员工的工资及社会保险费用，清偿所欠税款和其他各项债务，以及分配剩余财产在内的清算方案，经社员大会通过后实施。

第五十九条　清算组成员应当忠于职守，依法履行清算义务，因故意或者重大过失给本社社员及债权人造成损失的，应当承担赔偿责任。

第八章　附　则

第六十条　本社设公告栏，对需要公告的事项以张贴的形式向全体社员公告。

第六十一条　本社社员大会（社员代表大会）通过的章程修改、补充规定，经银行业监督管理机构核准，视为本章程的组成部分。

第六十二条　本章程未尽事宜依照国家有关法律法规、行政规章及银行业监督管理机构的有关规定办理。

第六十三条　本章程的解释权属本社理事会（不设理事会的为经理），修改权属本社社员大会（社员代表大会）。

第六十四条　本章程经本社社员大会（社员代表大会）通过，自银行业监督管理机构批准并依法注册之日起生效。

中国银行业监督管理委员会办公厅
二〇〇七年二月八日印发

23. 中国银监会关于农村资金互助社监督管理的意见（银监发〔2007〕90号）

各银监局：

为加强对农村资金互助社的监督管理，有效防范金融风险，根据《中华人民共和国银行业监督管理法》《关于调整放宽农村地区银行业金融机构准入政策更好支持社会主义新农村建设的若干意见》和《农村资金互助社管理暂行规定》及有关法律、法规和规章，现就农村资金互助社监管提出如下意见：

一、监督管理原则和目标

按照内部自律与外部监管、合规监管与风险监管、持续监管与审慎监管、灵活监管与指导服务相结合的原则，对农村资金互助社实施持续、动态的监督管理，促进农村资金互助社建立灵活有效的法人治理机制，健全内部控制，依法合规经营，有效防范和控制风险，更好地满足社员的金融服务需求，实现安全健康持续发展，切实做到自愿发起、自律管理、自主经营、自担风险，将农村资金互助社真正办成互助合作性质的新型社区农村金融组织。

二、监督管理方式

银行业监管机构应协调有关方面，建立以农村资金互助社自律管理、银行业监管机构监管、地方政府风险处置和社会监督服务相结合的监督管理体系。

现阶段在充分发挥农村资金互助社自律管理作用的同时，要强化银行业监管机构外部监管和地方政府审计监督和风险处置职责。随着农村资金互助社相关法律法规、监管制度的不断完善，要逐步过渡到以自律管理和社会监督为主的非审慎性监管。

三、监督管理措施

（一）科学规划和正确引导市场准入

1. 科学制定发展规划。银行业监管机构应根据当地经济金融发展环境、金融服务状况和监管资源配置情况，合理确定农村资金互助社发展规划和年度组建计划，重点解决经济落后、金融网点覆盖率低的农村地区金融服务不足问题。各省年度组建计划应在每年 1 月份报银监会备案。

2. 坚持互助合作原则。农村资金互助社是以社员为服务对象，办理存贷款等金融业务的互助合作性质的机构，银行业监管机构应监督农村资金互助社遵循"自愿、民主、互助、合作"的原则设立和运营。

3. 严格实施市场准入。要坚持市场准入标准和程序，防止片面追求机构数量的倾向；要积极对农民进行政策引导，防止行政干预和强迫命令；要鼓励农村资金互助社聘用大中专毕业生或引进有银行从业经验的高管人员和业务人员，适应经营管理的需要。

（二）加强内部自律监管

1. 建立有效的法人治理结构。银行业监管机构应督促农村资金互助社建立"简捷灵活、制衡有效"的法人治理结构。不设理事会的，要充分发挥社员（社员代表）大会决策职能和经理的法人代表作用。要设立由社员、提供无偿服务和捐赠的社会人士、业务合作伙伴代表等利益相关者组成的监事会，对理事会、经理的决策和业务经营行为进行监督，组织开展农村资金互助社的内部审计。

2. 建立内部控制制度。银行业监管机构应督促农村资金互助社建立简便易行且能有效覆盖全部业务、岗位的内部控制制度，明确存款、贷款、投资、融资、会计、出纳、结算等主要业务流程及操作规范，做到会计、出纳和贷款审查、审批的合理分离和有效制约。

3. 建立成员承诺制度。农村资金互助社是由社员自愿发起、自律管理、自主经营、自担风险的互助合作性质的机构，银行业监管机构应监督发起人和入股社员与农村资金互助社签订承诺协议，承诺自觉遵守章程、参与民主管理和承担相应的风险。

（三）强化资本约束和拨备监管

1. 确保资本充足率在任何时点均保持在 8% 以上。银行业监管机构应督促农村资金互助社根据资产变化情况和业务发展状况建立股金规划和资本补充机制，严禁吸收存款化股金，确保股金的稳定。要建立资本充足率监测预警制度，根据各机构实际，在8%之上（临近8%）设置预警线，当资本充足率接近预警线时，应及时进行预警，防止其降到8%以下。资本充足率低于8%时，应按《农村资金互助社管理暂行规定》及时采取分类监管措施。

2. 确保拨备充足率始终保持在100%以上。银行业监管机构应督促农村资金互助社建立以脱期法为基础的贷款分类和拨备制度。以贷款逾期情况按季进行分类，逾期一个月（含）以内的为正常类；逾期一个月到三个月（含）的为关注类；逾期三个月到两年（含）的为次级类；逾期两年以上的为可疑类；符合《财政部关于印发〈金融企业呆账核销管理办法〉的通知》（财金〔2005〕50号）规定认定为呆账的信贷资产，或借款人无力偿还贷款，预计贷款损失率超过90%的为损失类。银行业监管机构要督促农村资金互助社按关注类2%、次级类25%、可疑类50%、损失类100%的比例提取专项准备，并按有关规定在利润分配时提取一般准备。同时要参照《农村合作金融机构非信贷资产风险分类指引》（银监发〔2007〕29号）对非信贷资产进行分类并计提减值准备。对不按规定提足拨备的，应责令限期整改；整改不到位的，应停止办理部分或全部业务，直至采取停业整顿措施。

（四）建立非现场监测和监督检查机制

1. 加强日常监管。银监分局对农村资金互助社实行属地监管（设在省会城市农村地区的由银监局负责，下同）。银监分局根据辖内农村资金互助社设置情况，合理配备主监管员，具体负责对农村资金互助社的日常监管。主监管员要对农村资金互助社资本充足率、贷款损失准备充足率、大额贷款、不良贷款、投融资业务等进行持续监测，督促、指导农村资金互助社填报非现场监管报表并进行风险分析，每月至少对其信息披露和主要业务情况巡查一次，根据业务监测、报表分析和巡查情况，有效识别、度量、分析、判断被监管机构风险状况，及时进行风险提示，提出防范化解风险的措施与建议，督促限期整改。银监局负责制定农村资金互助社监管政策实施细则，汇总分析辖内农村资金互助社非现场监管信息，组织制订现场检查计划，指导银监分局开展非现场监管和现场检查工作，撰写辖内农村资金互助社年度综合监管报告，于次年2月底前上报银监会，同时抄报省级人民政府。

2. 实施现场检查。银行业监管机构应根据风险状况,有计划地对农村资金互助社实施专项或全面现场检查。必要时可招聘信誉好、资质高的社会中介机构实施现场检查。

3. 加强外部审计。银行业监管机构应提请省级人民政府(可授权县(市)政府)对农村资金互助社实施审计;为增强社会公信力,银行业监管机构可要求农村资金互助社聘用社会中介机构实施外部审计。

4. 开户银行监督。银行业监管机构应要求农村资金互助社只在一家银行业金融机构开立账户,并督促开户银行按账户管理规定对农村资金互助社账户资金往来进行监督,及时向属地监管机构报告农村资金互助社账户大额资金往来(大额标准由属地监管机构确定)和其他异常情况,同时向农村资金互助社提供业务辅导和培训服务。

5. 规范会计核算和报表。银行业监管机构根据监管的需要,可要求农村资金互助社采取外包方式委托社会中介机构编制财务会计核算软件;聘请社会中介机构帮助建立会计账册和编制会计报表、进行会计核算、填报监管报表等。

(五)充分披露经营管理信息

银行业监管机构应督促农村资金互助社建立信息披露制度,及时向社员公开各项经营管理制度,按月公开股金、贷款、融资、债券投资和财务收支情况;每年向社员披露经过监事会或政府审计部门、中介机构等审计的财务会计报告,开户行提供的账户资金情况证明,以及社员股金和积累情况、贷款及经营风险情况、投融资情况、盈利及分配情况、案件和其他重大事项,自觉接受社员的监督。

(六)严肃查处违法违规行为

银行业监管机构要通过非现场监管、现场检查、建立举报制度和外部监督员等形式,严格监督农村资金互助社按照《农村资金互助社管理暂行规定》规范经营,对向非社员吸收存款和违反国家利率政策吸收存款,向非社员、超比例和违反国家有关政策发放贷款,违反规定条件融入资金,违规进行债券投资的,应责令限期整改并追究相关人员责任;整改不到位的,应停止办理部分或全部业务,直至采取停业整顿措施。

（七）有效实施风险管理和处置

1. 加强风险管理。银行业监管机构应督促农村资金互助社合理配置流动性资产，按支付规律确定备付金额度，防止流动性风险；督促其建立健全贷款制度，合理制定审查程序、操作规程，严格控制大额贷款，切实加强贷款质量管理，防止不良贷款的产生，有效防范信用风险；督促其严格执行银监会《关于加大防范操作风险工作力度的通知》和案件治理的有关规定，严防账外经营和携款潜逃等操作风险。

2. 有效处置风险。银行业监管机构要积极协助省级人民政府对农村资金互助社进行风险处置。一是协助省级人民政府研究制定农村资金互助社重大案件、突发事件和群体事件应急处置预案，并协助省级人民政府组织相关部门和县（市）政府妥善处理重大案件和风险事件；二是提请省级人民政府制定农村资金互助社支付风险处置预案，将农村资金互助社纳入地方金融救助体系，当发生支付风险时，提请省级人民政府采取有效措施实施救助；三是协助省级人民政府依法处置高风险农村资金互助社，当发生清偿性风险时，应按承诺协议落实每个社员的风险责任，并按照有关规定实施市场退出。

四、建立协调机制

银行业监管机构要提请当地政府建立以地方政府为主导的农村资金互助社监管协调机制，协助省级人民政府督促各有关方面切实履行职责，既要防止出现监管真空，又要防止监管过度，提高对农村资金互助社监督管理的有效性。

（一）加强政策协调

银行业监管机构应认真研究农村资金互助社准入政策和审慎监管规则，提请地方政府研究出台财政税收等各项扶持政策。对农村资金互助社经营中的困难和监管中发现的新情况、新问题，要提请地方政府协调有关方面及时解决，促进农村资金互助社的持续健康发展。

（二）加强工作协调

银行业监管机构应协调建立农村资金互助社监督管理的沟通机制，提请地方政府建立联席会议制度，定期研究、通报农村资金互助社监督管理和经营发展情况，实现信息共享。银行业监管机构现场检查和地方政府、中介机构的外部审计要协调进行，避免重复检查，造成监管资源浪费，增加农村资金互助社负担。

（三）加强风险处置协调

银行业监管机构要定期向地方政府通报农村资金互助社的风险状况，协助地方政府对农村资金互助社出现的重大风险进行处置，有效控制风险蔓延，维护社会稳定。

二〇〇七年十二月二十一日

24. 中国银监会 农业部 供销合作总社 关于引导规范开展农村信用合作的通知（银监发〔2014〕43号）

各银监局，各省、自治区、直辖市、计划单列市、新疆生产建设兵团农业（农牧、农村经济）厅（委、办、局）、供销合作社：

近年来，随着我国农民合作社的发展和供销合作社改革推进，新型农村合作金融日趋活跃，对促进农业生产发展起到了一定作用。但由于经营不规范和监管不到位等，超范围吸储的非法集资、假借信用合作名义开展非法融资借贷、高息放贷引发的暴力催债、风险暴露引发的"跑路"等问题频繁发生，不仅损害了农民利益，也对农村经济社会发展带来不利影响，对农村信用环境造成严重破坏，影响了农村金融秩序和社会稳定。为引导规范农民合作社、供销合作社等有序发展新型农村合作金融，有效防范农村金融风险，现就有关事项通知如下：

一、切实加强监管引导

各地要按照中央关于完善地方农村金融管理体制，省级人民政府承担对新型农村合作金融组织的监管、引导、规范以及风险处置职责的相关要求，积极推动省级人民政府抓紧落实对新型农村合作金融的监管、引导和规范职责，提请省级人民政府尽快明确承担地方金融监管职责的具体职能机构，把新型农村合作金融组织风险防范和处置责任落实到位。要建立信息管理和实时监控系统，加强日常监管和风险排查，按照风险程度不同，对新型农村合作金融组织实行分类管理。要坚持试点先行，按照互助合作的基本原则，审慎推动农村信用合作发展；要切实加强管理，有效防范和处置风险；要建立联合工作机制，加强部门间的协作和密切配合，切实维护区域金融安全和农村社会稳定，促进新型农村合作金融组织更好地为实体经济服务。

二、督促开展合规经营

各地要加强对农村信用合作的政策引导，督促农民合作社、供销合作社和其他农村合作经济组织严格按照相关要求和合作制的基本原则审慎合规经营。要坚持在管理民主、运行规范、带动力强的农民合作社和供销合作社基础上，培育发展农村合作金融。要坚持社员制、封闭性原则，在不对外吸储放贷、不支付固定回报的前提下，推动社区性农村资金互助组织发展。

各地要按照审慎稳妥原则，制定专门的制度规定。要明确成员参加、退出信用合作的条件和程序；规范成员筹集和借贷资金程序和手续，完整记载信用合作业务活动；加强合作资金管理，实行合作资金单独开户，与合作社分设会计账簿、独立核算。要按照合理适度原则，对参与合作的人数、地域、资金规模等从严管理，有效控制风险。指导做好资金发放的调查、审查等工作，保证借款及时足额收回。定期向成员公开披露信用合作的出资、借款及经营风险情况、财务会计报告和其他重大事项等。

三、深入组织摸底排查

各地要组织对辖内各类农村信用合作情况开展一次深入排查，全面摸清底数和经营中的突出问题。由承担地方金融监管职责的职能机构牵头负责，各有关部门配合，组织专门力量，采取上门走访、申报核查等多种形式，重点掌握开展资金合作过程中涉及的审批登记、成员构成、资金规模、管理办法、使用费率、收益分配、风险防范等方面情况，以及是否对成员以外主体放贷、设立类似银行的营业大厅或柜台、设立分支机构、聘请代办员、公开宣传等方面情况。在排查过程中，要严格界定成员身份，任何个人和企事业单位必须与农民合作社和供销合作社有实质性生产或流通经营关系、按章程规定出资并履行入社手续，才能认定为成员。

四、分类开展清理规范

在深入排查基础上，结合发现问题，采取措施进行分类清理规范。对不遵守信用合作基本原则，违规开展资金合作业务的，要坚决予以制止和纠正，已经发生的，要予以清理、整顿和规范，做到规范一批、整改一批、打击取缔一批。对制度不健全、运作不规范的，要责令限期整改；对违反信用合作基本要求，涉嫌非法集资的，要结合打击和处置非法集资工作进行清理整顿；对脱离主业开办资金业务，向非成员吸收存款，存在高息揽储、高利放贷等行为的，要终止其资金合作行为，取消其新型农村合作金融资质，做好有关债权债务清理工作，维护好农民利益。

五、严格把握政策界限

各地在清理规范过程中，要严格把握政策界限，区分不同情况采取相应的措施，消除隐患，化解风险。

（一）对脱离主业单纯开展资金合作业务，将合作资金用于非农业生产经营活动的，要限期整改。

（二）对向成员和非成员吸收存款，违背成员意愿强制入股、变相集资，常年大量吸收资金和事先设定收益率的，要立即终止；已经吸收的，要限期退还。

（三）对将合作资金发放给非成员使用的，要限期收回。

（四）对以吸收资金为目的，将与农民合作社、供销合作社无实质性生产经营关系的人员吸收为成员的，要予以清退，吸收的资金，要限期退还。

（五）对设立类似银行的营业网点、大厅或营业柜台、代办站、代办点的，要予以关闭；对设立类似银行的标牌、标识的，要予以清理。

（六）对通过广播、电视、互联网、广告牌、传单、短信或讲座、报告会等形式向不特定对象进行公开宣传或广告的，要予以清理和取缔。委托代办员、协理员等开展资金业务的，要进行清退。

（七）对违规对外进行风险性投资的，要限期收回。

六、严厉打击非法行为

各地要按照"省级人民政府负总责、行业主管监管部门一线把关"原则，严厉打击非法集资行为。对假借农民合作社、供销合作社名义开展非法集资违法活动的，坚决依法予以取缔，对涉嫌犯罪的，移交司法机关依法追究法律责任。健全非法集资风险监测预警机制，加强信息沟通，做到风险早发现、早报告、早预警、早处置。

七、积极构建长效机制

各地要以此次清理规范工作为契机，强化对本地区新型农村合作金融的管理，构建长效机制。要强化风险意识，高度重视违规开展农村信用合作存在的问题和隐患，同时切实防范清理规范和完善管理过程中可能产生的风险，做好风险监测、预警和处置，确保不发生系统性区域性风险。加强工作指导，帮助农民合作社和供销合作社健全规章制度，完善运行机制，强化财务管理。以示范社评定为抓手，发挥典型示范作用，提高合作社规范化建设水平。积极开展经营管理人员、财会人员的培训教育，突出财务管理与合作金融知识和实际操作培训，提高合法经营意识。

八、广泛开展政策宣传

各地要积极开展多种形式的金融知识宣传，结合防范打击非法集资宣传月和"送金融知识下乡"活动，主动送金融知识进村屯入社区，传送金融知识，提供政策咨询，增强农民群众的责任意识、法律意识和安全意识。持续推进信用户、信用村、信用乡镇、信用农民合作社建设。以报纸、广播电视、网络等媒体为窗口，广泛宣传非法集资的各种形式和危害。加大面向农民群众的宣传力度，让广大群众了解农民合作社和供销合作社的合法经营范围和开展非法集资的风险。

九、切实加强组织领导

新型农村合作金融工作政策性强,社会敏感度高,关系农民切身利益和农村社会稳定,各级有关部门要提高认识,统一思想,高度重视,在地方政府统一领导下,明确任务分工,确保工作顺利开展。各省、自治区、直辖市银行业监管机构、农业行政主管部门和供销合作社要及时将本通知精神向当地政府汇报,提请地方政府明确牵头部门,建立联合工作机制,研究制订引导规范的实施方案,明确引导规范的具体目标、措施和责任。有关部门要加强信息共享,及时掌握新型农村合作金融发展动态,加大工作推进力度。

二〇一四年九月二十三日

25. 中国银监会办公厅关于做好 2015 年农村金融服务工作的通知（银监办发〔2015〕30 号）

……

三、丰富农村金融服务主体,提升农村金融竞争充分性

……

积极推动省级人民政府抓紧落实对新型农村合作金融的监管、引导和规范职责,支持在符合条件的农民合作社和供销合作社基础上培育发展农村合作金融组织,促进其更好地为农村实体经济服务。

……

26. 中国银监会关于银行业金融机构积极投入脱贫攻坚战的指导意见（银监发〔2016〕9 号）

……

（十七）鼓励多种金融服务业态发展。支持贫困地区培育发展农民资金互助组织,优先在贫困地区开展农民合作社内部信用合作试点。鼓励贫困地区

设立政府出资的融资担保机构。优先支持在贫困地区设立小额贷款公司。鼓励利用互联网平台开展金融服务,发挥网络借贷机构融资便捷、对象广泛的特点,引导其开展对贫困户的融资服务。

……

27. 中国银监会办公厅关于做好2016年农村金融服务工作的通知（银监办发〔2016〕26号）

四、丰富金融服务主体,提升农村金融竞争充分性和服务满足度

引导小贷公司、网贷机构、农民资金互助组织充分发挥支农作用,加大涉农投入。

……

28. 中国银保监会农村中小金融机构行政许可事项实施办法

（中国银监会令2015年第3号公布,根据2018年8月17日《中国银保监会关于废止和修改部分规章的决定》修正）

第一章 总 则

……

第二条 本办法所称农村中小金融机构包括：农村商业银行、农村合作银行、农村信用社、村镇银行、贷款公司、农村资金互助社等。

……

第二章 法人机构设立

……

第二节 农村信用合作联社设立

第二十二条 设立农村信用合作联社应符合以下条件：

（一）有符合银保监会有关规定的章程；

（二）在农村信用合作社及其联合社基础上以新设合并方式发起设立；

（三）注册资本为实缴资本，最低限额为300万元人民币；

（四）股权设置合理，符合法人治理要求；

（五）有符合任职资格条件的理事、高级管理人员和熟悉银行业务的合格从业人员；

（六）有健全的组织机构、管理制度和风险管理体系；

（七）有与业务经营相适应的营业场所、安全防范措施和其他设施；

（八）建立与业务经营相适应的信息科技架构，具有支撑业务经营的必要、安全且合规的信息科技系统，具备保障信息科技系统有效安全运行的技术与措施；

（九）银保监会规章规定的其他审慎性条件。

第二十三条 设立农村信用合作联社应有符合条件的发起人，发起人包括：自然人、境内非金融机构、境内银行业金融机构、境内非银行金融机构、境外银行和银保监会认可的其他发起人。

发起人应分别符合本办法第九条、第十条、第十一条、第十二条、第十三条、第十四条、第十五条和第十六条的规定。

第二十四条 农村信用合作联社的筹建申请，由地市级派出机构或所在城市省级派出机构受理，省级派出机构审查并决定。省级派出机构自收到完整申请材料或受理之日起4个月内作出批准或不批准的书面决定。

农村信用合作联社的开业申请，由地市级派出机构或所在城市省级派出机构受理、审查并决定。地市级派出机构或省级派出机构自受理之日起2个月内作出批准或不予批准的书面决定。

筹建和开业的申请人、期限适用本办法第十七条、第十九条和第二十一条的规定。

第二十五条　农村信用合作社及其联合社、农村信用合作联社按照《中华人民共和国公司法》组建农村信用联社，其行政许可条件、程序、事权划分和时限按照农村信用合作联社设立的相关规定执行。

第五节　农村资金互助社设立

……

第三十六条　设立农村资金互助社应符合以下条件：

（一）有符合银保监会有关规定的章程；

（二）以发起方式设立且发起人不少于10人；

（三）注册资本为实缴资本，在乡（镇）设立的，最低限额为30万元人民币；在行政村设立的，最低限额为10万元人民币；

（四）有符合任职资格的理事、经理和具备从业条件的工作人员；

（五）有必需的组织机构和管理制度；

（六）有与业务经营相适应的营业场所、安全防范措施和其他设施；

（七）银保监会规章规定的其他审慎性条件。

第三十七条　设立农村资金互助社应有符合条件的发起人，发起人包括：乡（镇）、行政村的农民和农村小企业。

第三十八条　农民作为发起人，应符合以下条件：

（一）具有完全民事行为能力的中国公民；

（二）户口所在地或经常居住地（本地有固定住所且居住满3年）在农村资金互助社所在乡（镇）或行政村内；

（三）有良好的社会声誉和诚信记录，无犯罪记录；

（四）入股资金为自有资金，不得以委托资金、债务资金等非自有资金入股；

（五）银保监会规章规定的其他审慎性条件。

第三十九条　农村小企业作为发起人，应符合以下条件：

（一）注册地或主要营业场所在农村资金互助社所在乡（镇）或行政村

内；

（二）具有良好的信用记录；

（三）最近 2 年内无重大违法违规行为；

（四）上一会计年度盈利；

（五）年终分配后净资产达到全部资产的 10% 以上（合并会计报表口径）；

（六）入股资金为自有资金，不得以委托资金、债务资金等非自有资金入股；

（七）银保监会规章规定的其他审慎性条件。

第四十条 单个农民或单个农村小企业向农村资金互助社入股，其持股比例不得超过农村资金互助社股金总额的 10%。

第四十一条 农村资金互助社的筹建申请，由地市级派出机构或所在城市省级派出机构受理，省级派出机构审查并决定。省级派出机构自收到完整申请材料或受理之日起 4 个月内作出批准或不批准的书面决定。

农村资金互助社的开业申请，由地市级派出机构或所在城市省级派出机构受理、审查并决定。地市级派出机构或省级派出机构自受理之日起 2 个月内作出批准或不予批准的书面决定。

筹建和开业的申请人、期限适用本办法第十七条、第十九条和第二十一条的规定。

第三章 分支机构设立

第一节 分行、专营机构设立

第四十四条 农村商业银行设立分行，申请人应符合以下条件：

（一）具有清晰的农村金融发展战略和成熟的农村金融商业模式；

（二）农村商业银行设立满 2 年以上；

（三）注册资本不低于 10 亿元人民币；

（四）监管评级良好；

（五）公司治理良好，内部控制健全有效；

（六）主要审慎监管指标符合监管要求，其中不良贷款率低于 3%，资本充足率不低于 12%；

（七）具有拨付营运资金的能力；

（八）具有完善、合规的信息科技系统和信息安全体系，具有标准化的数据管理体系，具备保障业务连续有效安全运行的技术与措施；

（九）最近2年无严重违法违规行为和因内部管理问题导致的重大案件；

（十）银保监会规章规定的其他审慎性条件。

......

第三节 分理处、信用社、分社、分公司设立

第五十四条 农村商业银行、农村合作银行、村镇银行设立分理处，农村信用合作联社、农村信用联社设立信用社、分社，贷款公司设立分公司，申请人除应符合第四十四条第（七）、（八）项规定的条件外，还应符合以下条件：

（一）主要审慎监管指标符合监管要求；

（二）有熟悉银行业务的合格从业人员；

（三）最近1年无严重违法违规行为和因内部管理问题导致的重大案件；

（四）银保监会规章规定的其他审慎性条件。

第五十五条 农村商业银行、农村合作银行、村镇银行设立分理处，农村信用合作联社、农村信用联社设立信用社、分社，贷款公司设立分公司，其筹建方案由法人机构事后报告开业决定机关。

开业申请由法人机构提交，由地市级派出机构或所在城市省级派出机构受理、审查并决定。地市级派出机构或省级派出机构自受理之日起2个月内作出批准或不予批准的书面决定。

第五十六条 分支机构开业许可事项，申请人应在收到开业批准文件并按规定领取金融许可证后，根据工商行政管理部门的规定办理登记手续，领取营业执照。

分支机构应自领取营业执照之日起6个月内开业。未能按期开业的，申请人应在开业期限届满前1个月向决定机关提交开业延期报告。开业延期不得超过一次，开业延期的最长期限为3个月。

分支机构未在前款规定时限内开业的，开业批准文件失效，由决定机关

办理开业许可注销手续，收回其金融许可证，并予以公告。

第四章 机构变更

第一节 法人机构变更

第五十七条 法人机构变更包括：变更名称，变更住所，变更组织形式，变更股权，变更注册资本，修改章程，分立和合并等。

第五十八条 法人机构变更名称，名称中应标明"农村商业银行""农村合作银行""信用合作社""联合社""联社""村镇银行""贷款公司"和"农村资金互助社"等机构种类字样，并符合唯一性和商誉保护原则。

法人机构变更名称，由地市级派出机构或所在城市省级派出机构受理，省级派出机构审查并决定。

省（自治区）农村信用社联合社和直辖市农村商业银行变更名称，由省级派出机构受理、审查并决定，事后报告银保监会。

……

第六十一条 农村中小金融机构股权变更，受让人应符合本办法规定的相应发起人（出资人）资格条件。

农村商业银行、农村合作银行、农村信用合作联社、农村信用联社、村镇银行和农村资金互助社变更持有股本总额1%以上、5%以下的单一股东（社员），由法人机构报告地市级派出机构或所在城市省级派出机构；持有股本总额5%以上、10%以下的单一股东（社员）的变更申请，由地市级派出机构或所在城市省级派出机构受理、审查并决定。

农村商业银行、农村合作银行、农村信用合作联社、农村信用联社、村镇银行持有股本总额10%以上的单一股东（社员）的变更申请，由地市级派出机构或所在城市省级派出机构受理，省级派出机构审查并决定，事后报告银保监会。

省（自治区）农村信用社联合社、地市农村信用合作社联合社变更持有股本总额1%以上、5%以下的单一社员，报告省级派出机构。变更持有股本总额5%以上的单一社员，由省级派出机构受理、审查并决定。

向境外银行转让股权由地市级派出机构或所在城市省级派出机构受理，省级派出机构审查并决定，事后报告银保监会。

投资人入股农村中小金融机构，应按照《商业银行与内部人和股东关联交易管理办法》的有关规定，完整、真实地披露其关联关系。

……

第六十五条 农村商业银行、农村信用联社、村镇银行、贷款公司分立、合并应符合《中华人民共和国公司法》等有关规定；农村合作银行、农村信用合作社、农村信用合作社联合社、农村信用合作联社、省（自治区）农村信用社联合社和农村资金互助社分立、合并应参照《中华人民共和国公司法》等有关规定。

……

第七章 董事（理事）和高级管理人员任职资格许可

第一节 任职资格条件

第九十六条 农村商业银行、农村合作银行、农村信用联社、村镇银行董事长、副董事长、独立董事和其他董事等董事会成员以及董事会秘书；农村信用合作社、农村信用合作社联合社、农村信用合作联社、省（自治区）农村信用社联合社、农村资金互助社理事长、副理事长、独立理事和其他理事等理事会成员须经任职资格许可。

农村商业银行、农村合作银行、村镇银行的行长、副行长、行长助理、风险总监、财务总监、合规总监、总审计师、总会计师、首席信息官以及同职级高级管理人员，内审部门负责人、财务部门负责人、合规部门负责人；农村信用合作社主任；农村信用合作社联合社、农村信用合作联社、农村信用联社主任、副主任；省（自治区）农村信用社联合社主任、副主任、主任助理、总审计师以及同职级高级管理人员，合规部门负责人、办事处（区域审计中心）主任；贷款公司总经理；农村资金互助社经理；农村商业银行分行行长、副行长、行长助理，专营机构总经理、副总经理、总经理助理等高级管理人员须经任职资格许可。

农村商业银行、农村合作银行、村镇银行营业部负责人和支行行长，县（市、区）农村信用合作社联合社、农村信用合作联社、农村信用联社营业部负责人和信用社主任，地市农村信用合作联社、农村信用联社营业部负责人和信用社主任、副主任，农村商业银行分行营业部负责人应符合拟任人任职资格条件。

其他虽未担任上述职务，但实际履行本条前两款所列董事（理事）和高级管理人员职责的人员，应按银保监会认定的同类人员纳入任职资格管理。

……

第一百条　申请农村中小金融机构董事（理事）任职资格，拟任人除应符合本办法第九十七条规定条件外，还应具备以下条件：

（一）5年以上的法律、经济、金融、财务或其他有利于履行董事（理事）职责的工作经历；

（二）能够运用金融机构的财务报表和统计报表判断金融机构的经营管理和风险状况；

（三）了解拟任职机构公司治理结构、公司章程和董事（理事）会职责。

申请农村中小金融机构独立董事（理事）任职资格，拟任人还应是法律、经济、金融、财会方面的专业人员，并符合相关法规规定。

农村资金互助社理事不适用本条规定。

……

第一百零二条　申请农村中小金融机构董事长（理事长）、副董事长（副理事长）、独立董事（理事）和董事会秘书任职资格，拟任人还应分别符合以下学历和从业年限条件：

（一）拟任农村商业银行、农村合作银行董事长、副董事长，省（自治区）农村信用社联合社理事长、副理事长，地市农村信用联社董事长、副董事长，地市农村信用合作社联合社、地市农村信用合作联社理事长、副理事长，应具备本科以上学历，从事金融工作6年以上，或从事相关经济工作10年以上（其中从事金融工作3年以上）；

（二）拟任县（市、区）农村信用联社董事长、副董事长，县（市、区）农村信用合作社联合社、县（市、区）农村信用合作联社理事长、副理事长，农村商业银行、农村合作银行、农村信用联社董事会秘书,农村信用合作社理事长、副理事长,村镇银行董事长、执行董事、董事会秘书,应具备大专以上学历,从事金融工作4年以上,或从事相关经济工作6年以上(其中从事金融工作2年以上);

(三)拟任农村资金互助社理事长,应具备高中或中专以上学历;

(四)拟任独立董事(理事),应具备本科以上学历。

……

第一百零四条 农村中小金融机构高级管理人员拟任人还应分别符合以下学历和从业年限条件:

(一)拟任农村商业银行、农村合作银行行长、副行长、行长助理、风险总监、财务总监、合规总监,分行行长、副行长、行长助理,专营机构总经理、副总经理、总经理助理,省(自治区)农村信用社联合社主任、副主任、主任助理、总审计师,地市农村信用合作社联合社、地市农村信用合作联社、地市农村信用联社主任、副主任,省(自治区)农村信用社联合社办事处(区域审计中心)主任,应具备本科以上学历,从事金融工作6年以上,或从事相关经济工作10年以上(其中从事金融工作3年以上);

(二)拟任县(市、区)农村信用合作社联合社、县(市、区)农村信用合作联社、农村信用联社主任、副主任、营业部负责人,地市农村信用合作联社、农村信用联社信用社主任、副主任、营业部负责人,农村商业银行和农村合作银行营业部负责人,农村商业银行分行营业部负责人,农村商业银行、农村合作银行支行行长,村镇银行行长、副行长、行长助理、风险总监、财务总监、合规总监、营业部负责人、支行行长,农村信用合作社主任、县(市、区)农村信用合作联社信用社主任、农村信用联社信用社主任,贷款公司总经理,应具备大专以上学历,从事金融工作4年以上,或从事相关经济工作6年以上(其中从事金融工作2年以上);

(三)拟任农村商业银行、农村合作银行、村镇银行总审计师、总会计师、内审部门负责人、财务部门负责人,应具备大专以上学历,取得国家或国际认可的会计、审计专业技术职称(或通过国家或国际认可的会计、审计专业技术资格考试),并从事财务、会计或审计工作6年以上(其中从事金融工作2年以上）；

（四）拟任省（自治区）农村信用社联合社、农村商业银行、农村合作银行、村镇银行合规部门负责人，应具备本科以上学历，并从事金融工作4年以上；

（五）拟任农村商业银行、农村合作银行、村镇银行首席信息官，应具备本科以上学历，并从事信息科技工作6年以上（其中任信息科技高级管理职务4年以上并从事金融工作2年以上）；

（六）拟任农村资金互助社经理，应具备高中或中专以上学历。

……

第二节 任职资格许可程序

第一百零七条 以下机构董事（理事）和高级管理人员任职资格申请由地市级派出机构或所在城市省级派出机构受理、审查并决定。

（一）县（市、区）农村商业银行、农村合作银行、农村信用联社、村镇银行董事长、副董事长、董事、董事会秘书和高级管理人员，贷款公司总经理；

（二）地市农村商业银行副董事长、董事、董事会秘书、副行长、行长助理、风险总监、财务总监、合规总监、总审计师、总会计师、首席信息官、内审部门负责人、财务部门负责人、合规部门负责人；

（三）农村信用合作社、县（市、区）农村信用合作社联合社、县（市、区）农村信用合作联社、农村资金互助社理事长、副理事长、理事和高级管理人员；

（四）地市农村信用合作社联合社、地市农村信用合作联社副理事长、理事、副主任，地市农村信用联社副董事长、董事、副主任；

（五）农村商业银行分行行长、副行长、行长助理，专营机构总经理、副总经理、总经理助理。

农村商业银行、农村合作银行、村镇银行营业部负责人和支行行长，县（市、区）农村信用合作社联合社、农村信用合作联社、农村信用联社营业部负责人和信用社主任，地市农村信用合作联社、农村信用联社营业部负责人和信用社主任、副主任，农村商业银行分行营业部负责人任职应报告地市级派出机构或所在城市省级派出机构。

29. 关于取缔非法金融机构和非法金融业务活动中有关问题的通知（银发〔1999〕41号）

中国人民银行各分行、营业管理部：

《非法金融机构和非法金融业务活动取缔办法》（国务院〔1998〕247号令）颁布以来，人民银行各分支行进一步加大了对非法金融业务活动的查处力度，同时，一些分支行也提出，在认定和查处非法金融业务活动中有些问题需要进一步明确，现通知如下：

一、非法集资是指单位或个人未依照法定程序经有关部门批准，以发行股票、债券、彩票、投资基金证券或其他债权凭证的方式向社会公众筹集资金，并承诺在一定期限内以货币、实物及其他方式向出资人还本付息或给予回报的行为。它具有如下特点：

（一）未经有关部门依法批准，包括没有批准权限的部门批准的集资以及有审批权限的部门超越权限批准的集资；

（二）承诺在一定期限内给出资人还本付息。还本付息的形式除以货币形式为主外，还包括以实物形式或其他形式；

（三）向社会不特定对象即社会公众筹集资金；

（四）以合法形式掩盖其非法集资的性质。

二、《非法金融机构和非法金融业务活动取缔办法》（国务院〔1998〕247号令）第六条规定"非法金融机构和非法金融业务活动由中国人民银行予以取缔。非法金融机构设立地或者非法金融业务活动发生地的地方人民政府负责组织、协调、监督与取缔有关的工作"。根据这个规定，对非法金融机构，由该机构所在地的人民银行认定和取缔；对非法金融业务活动，由行为发生地的人民银行认定和取缔。

三、《非法金融机构和非法金融业务活动取缔办法》（国务院〔1998〕247号令）第十三条规定："中国人民银行发现金融机构为非法金融机构或非法金融业务活动开立账户、办理结算和提供贷款的，应当责令该金融机构停止有关业务活动。任何单位和个人不得擅自动用有关资金"。根据这个规定，人民银行在认定非法金融机构或非法金融业务活动后，有权责令金融机构停止为该非法金融机构或非法金融业务活动办理结算，停止从事非法金融活动的企业或个人账户上的资金往来，非法金融业务活动筹集的资金，任何单位和个人都不得动用。为此，人民银行可向金融机构发出停止非法金融机构或非法金融业务活动当事人结算账户支付的通知书，暂停该结算账户上存款的支付，直到收到人民银行书面的解除通知书为止。若非法金融机构或非法金融业务活动当事人已将敛取的资金划往异地，则由非法金融机构设立地或者非法金融业务活动发生地的人民银行发文给资金划往地的人民银行，由资金划往地人民银行发出停止结算账户支付通知书。

四、根据《非法金融机构和非法金融业务活动取缔办法》（国务院[1998]247号令）第六条、第十六条和第十七条的规定，中国人民银行在调查、取缔过程中，应及时向当地政府报告。非法金融机构或非法金融业务活动一经取缔，因非法金融业务形成的债权债务，由从事非法金融业务活动的机构负责清理清退；非法金融机构有批准部门、主管单位或组建单位的，由批准部门、主管单位或组建单位负责组织清理清退债权债务；没有批准部门、主管单位或组建单位的，由所在地的地方人民政府负责组织清理清退债权债务。人民银行应与有关部门协调、配合。

1999 年 1 月 27 日

30. 非法金融机构和非法金融业务活动取缔办法

（1998 年 7 月 13 日中华人民共和国国务院令第 247 号发布　根据 2011 年 1 月 8 日《国务院关于废止和修改部分行政法规的决定》修订）

第一章 总 则

第一条 为了取缔非法金融机构和非法金融业务活动，维护金融秩序，保护社会公众利益，制定本办法。

第二条 任何非法金融机构和非法金融业务活动，必须予以取缔。

第三条 本办法所称非法金融机构，是指未经中国人民银行批准，擅自设立从事或者主要从事吸收存款、发放贷款、办理结算、票据贴现、资金拆借、信托投资、金融租赁、融资担保、外汇买卖等金融业务活动的机构。

非法金融机构的筹备组织，视为非法金融机构。

第四条 本办法所称非法金融业务活动，是指未经中国人民银行批准，擅自从事的下列活动：

（一）非法吸收公众存款或者变相吸收公众存款；

（二）未经依法批准，以任何名义向社会不特定对象进行的非法集资；

（三）非法发放贷款、办理结算、票据贴现、资金拆借、信托投资、金融租赁、融资担保、外汇买卖；

（四）中国人民银行认定的其他非法金融业务活动。

前款所称非法吸收公众存款，是指未经中国人民银行批准，向社会不特定对象吸收资金，出具凭证，承诺在一定期限内还本付息的活动；所称变相吸收公众存款，是指未经中国人民银行批准，不以吸收公众存款的名义，向社会不特定对象吸收资金，但承诺履行的义务与吸收公众存款性质相同的活动。

第五条 未经中国人民银行依法批准，任何单位和个人不得擅自设立金融机构或者擅自从事金融业务活动。

对非法金融机构和非法金融业务活动，工商行政管理机关不予办理登记。

对非法金融机构和非法金融业务活动，金融机构不予开立账户、办理结算和提供贷款。

第六条 非法金融机构和非法金融业务活动由中国人民银行予以取缔。

非法金融机构设立地或者非法金融业务活动发生地的地方人民政府，负责组织、协调、监督与取缔有关的工作。

第七条　中国人民银行依法取缔非法金融机构和非法金融业务活动，任何单位和个人不得干涉，不得拒绝、阻挠。

第八条　中国人民银行工作人员在履行取缔非法金融机构和非法金融业务活动的职责中，应当依法保守秘密。

第二章　取缔程序

第九条　对非法金融机构、非法吸收公众存款或者变相吸收公众存款以及非法集资，中国人民银行一经发现，应当立即调查、核实；经初步认定后，应当及时提请公安机关依法立案侦查。

第十条　在调查、侦查非法金融机构和非法金融业务活动的过程中，中国人民银行和公安机关应当互相配合。

第十一条　对非法金融机构和非法金融业务活动的犯罪嫌疑人、涉案资金和财产，由公安机关依法采取强制措施，防止犯罪嫌疑人逃跑和转移资金、财产。

第十二条　对非法金融机构和非法金融业务活动，经中国人民银行调查认定后，作出取缔决定，宣布该金融机构和金融业务活动为非法，责令停止一切业务活动，并予公告。

第十三条　中国人民银行发现金融机构为非法金融机构或者非法金融业务活动开立账户、办理结算和提供贷款的，应当责令该金融机构立即停止有关业务活动。

设立非法金融机构或者从事非法金融业务活动骗取工商行政管理机关登记的，一经发现，工商行政管理机关应当立即注销登记或者变更登记。

第十四条　中国人民银行对非法金融机构和非法金融业务活动进行调查时，被调查的单位和个人必须接受中国人民银行依法进行的调查，如实反映情况，提供有关资料，不得拒绝、隐瞒。

第十五条　中国人民银行调查非法金融机构和非法金融业务活动时，对与案件有关的情况和资料，可以采取记录、复制、录音等手段取得证据。

在证据可能灭失或者以后难以取得的情况下，中国人民银行可以依法先行登记保存，当事人或者有关人员不得销毁或者转移证据。

第三章 债权债务的清理清退

第十六条　因非法金融业务活动形成的债权债务，由从事非法金融业务活动的机构负责清理清退。

第十七条　非法金融机构一经中国人民银行宣布取缔，有批准部门、主管单位或者组建单位的，由批准部门、主管单位或者组建单位负责组织清理清退债权债务；没有批准部门、主管单位或者组建单位的，由所在地的地方人民政府负责组织清理清退债权债务。

第十八条　因参与非法金融业务活动受到的损失，由参与者自行承担。

第十九条　非法金融业务活动所形成的债务和风险，不得转嫁给未参与非法金融业务活动的国有银行和其他金融机构以及其他任何单位。

第二十条　债权债务清理清退后，有剩余非法财物的，予以没收，就地上缴中央金库。

第二十一条　因清理清退发生纠纷的，由当事人协商解决；协商不成的，通过司法程序解决。

第四章 罚 则

第二十二条　设立非法金融机构或者从事非法金融业务活动，构成犯罪的，依法追究刑事责任；尚不构成犯罪的，由中国人民银行没收非法所得，并处非法所得1倍以上5倍以下的罚款；没有非法所得的，处10万元以上50万元以下的罚款。

第二十三条　擅自批准设立非法金融机构或者擅自批准从事非法金融业务活动的，对直接负责的主管人员和其他直接责任人员依法给予行政处分；构成犯罪的，依法追究刑事责任。

第二十四条　金融机构违反规定，为非法金融机构或者非法金融业务活动开立账户、办理结算或者提供贷款的，由中国人民银行责令改正，没收违法所得，并处违法所得1倍以上5倍以下的罚款；没有违法所得的，处10万元以上50万元以下的罚款；对直接负责的主管人员和其他直接责任人员依法给予纪律处分；构成犯罪的，依法追究刑事责任。

第二十五条　拒绝、阻碍中国人民银行依法执行职务，构成犯罪的，依法追究刑事责任；尚不构成犯罪的，由公安机关依法给予治安管理处罚。

第二十六条　中国人民银行工作人员在履行取缔非法金融机构和非法金融业务活动的职责中泄露秘密的，依法给予行政处分；构成犯罪的，依法追究刑事责任。

第二十七条　中国人民银行、公安机关和工商行政管理机关工作人员玩忽职守、滥用职权、徇私舞弊，构成犯罪的，依法追究刑事责任；尚不构成犯罪的，依法给予行政处分。

中国人民银行工作人员对非法金融机构和非法金融业务活动案件，应当移交公安机关而不移交，构成犯罪的，依法追究刑事责任；尚不构成犯罪的，依法给予行政处分。

第五章　附　则

第二十八条　取缔非法证券机构和非法证券业务活动参照本办法执行，由中国证券监督管理委员会负责实施，并可以根据本办法的原则制定具体实施办法。

取缔非法商业保险机构和非法商业保险业务活动参照本办法执行，由国务院商业保险监督管理部门负责实施，并可以根据本办法的原则制定具体实施办法。

第二十九条　本办法施行前设立的各类基金会、互助会、储金会、资金服务部、股金服务部、结算中心、投资公司等机构，超越国家政策范围，从事非法金融业务活动的，应当按照国务院的规定，限期清理整顿。超过规定期限继续从事非法金融业务活动的，依照本办法予以取缔；情节严重，构成犯罪的，依法追究刑事责任。

第三十条　本办法自发布之日起施行。

31. 最高人民法院　最高人民检察院　公安部印发《关于办理非法集资刑事案件若干问题的意见》的通知

为依法惩治非法吸收公众存款、集资诈骗等非法集资犯罪活动，维护国家金融管理秩序，保护公民、法人和其他组织合法权益，根据刑法、刑事诉讼法等法律规定，结合司法实践，现就办理非法吸收公众存款、集资诈骗等非法集资刑事案件有关问题提出以下意见：

一、关于非法集资的"非法性"认定依据问题

人民法院、人民检察院、公安机关认定非法集资的"非法性"，应当以国家金融管理法律法规作为依据。对于国家金融管理法律法规仅作原则性规定的，可以根据法律规定的精神并参考中国人民银行、中国银行保险监督管理委员会、中国证券监督管理委员会等行政主管部门依照国家金融管理法律法规制定的部门规章或者国家有关金融管理的规定、办法、实施细则等规范性文件的规定予以认定。

二、关于单位犯罪的认定问题

单位实施非法集资犯罪活动，全部或者大部分违法所得归单位所有的，应当认定为单位犯罪。

个人为进行非法集资犯罪活动而设立的单位实施犯罪的，或者单位设立后，以实施非法集资犯罪活动为主要活动的，不以单位犯罪论处，对单位中组织、策划、实施非法集资犯罪活动的人员应当以自然人犯罪依法追究刑事责任。

判断单位是否以实施非法集资犯罪活动为主要活动，应当根据单位实施非法集资的次数、频度、持续时间、资金规模、资金流向、投入人力物力情况、单位进行正当经营的状况以及犯罪活动的影响、后果等因素综合考虑认定。

三、关于涉案下属单位的处理问题

办理非法集资刑事案件中，人民法院、人民检察院、公安机关应当全面查清涉案单位，包括上级单位（总公司、母公司）和下属单位（分公司、子公司）的主体资格、层级、关系、地位、作用、资金流向等，区分情况依法作出处理。

上级单位已被认定为单位犯罪，下属单位实施非法集资犯罪活动，且全部或者大部分违法所得归下属单位所有的，对该下属单位也应当认定为单位犯罪。上级单位和下属单位构成共同犯罪的，应当根据犯罪单位的地位、作用，确定犯罪单位的刑事责任。

上级单位已被认定为单位犯罪，下属单位实施非法集资犯罪活动，但全部或者大部分违法所得归上级单位所有的，对下属单位不单独认定为单位犯罪。下属单位中涉嫌犯罪的人员，可以作为上级单位的其他直接责任人员依法追究刑事责任。

上级单位未被认定为单位犯罪，下属单位被认定为单位犯罪的，对上级单位中组织、策划、实施非法集资犯罪的人员，一般可以与下属单位按照自然人与单位共同犯罪处理。

上级单位与下属单位均未被认定为单位犯罪的，一般以上级单位与下属单位中承担组织、领导、管理、协调职责的主管人员和发挥主要作用的人员作为主犯，以其他积极参加非法集资犯罪的人员作为从犯，按照自然人共同犯罪处理。

四、关于主观故意的认定问题

认定犯罪嫌疑人、被告人是否具有非法吸收公众存款的犯罪故意，应当依据犯罪嫌疑人、被告人的任职情况、职业经历、专业背景、培训经历、本人因同类行为受到行政处罚或者刑事追究情况以及吸收资金方式、宣传推广、合同资料、业务流程等证据，结合其供述，进行综合分析判断。

犯罪嫌疑人、被告人使用诈骗方法非法集资，符合《最高人民法院关于审理非法集资刑事案件具体应用法律若干问题的解释》第四条规定的，可以认定为集资诈骗罪中"以非法占有为目的"。

办案机关在办理非法集资刑事案件中,应当根据案件具体情况注意收集运用涉及犯罪嫌疑人、被告人的以下证据:是否使用虚假身份信息对外开展业务;是否虚假订立合同、协议;是否虚假宣传,明显超出经营范围或者夸大经营、投资、服务项目及盈利能力;是否吸收资金后隐匿、销毁合同、协议、账目;是否传授或者接受规避法律、逃避监管的方法;等等。

五、关于犯罪数额的认定问题

非法吸收或者变相吸收公众存款构成犯罪,具有下列情形之一的,向亲友或者单位内部人员吸收的资金应当与向不特定对象吸收的资金一并计入犯罪数额:

(一)在向亲友或者单位内部人员吸收资金的过程中,明知亲友或者单位内部人员向不特定对象吸收资金而予以放任的;

(二)以吸收资金为目的,将社会人员吸收为单位内部人员,并向其吸收资金的;

(三)向社会公开宣传,同时向不特定对象、亲友或者单位内部人员吸收资金的。

非法吸收或者变相吸收公众存款的数额,以行为人所吸收的资金全额计算。集资参与人收回本金或者获得回报后又重复投资的数额不予扣除,但可以作为量刑情节酌情考虑。

六、关于宽严相济刑事政策把握问题

办理非法集资刑事案件,应当贯彻宽严相济刑事政策,依法合理把握追究刑事责任的范围,综合运用刑事手段和行政手段处置和化解风险,做到惩处少数、教育挽救大多数。要根据行为人的客观行为、主观恶性、犯罪情节及其地位、作用、层级、职务等情况,综合判断行为人的责任轻重和刑事追究的必要性,按照区别对待原则分类处理涉案人员,做到罚当其罪、罪责刑相适应。

重点惩处非法集资犯罪活动的组织者、领导者和管理人员,包括单位犯

罪中的上级单位（总公司、母公司）的核心层、管理层和骨干人员，下属单位（分公司、子公司）的管理层和骨干人员，以及其他发挥主要作用的人员。

对于涉案人员积极配合调查、主动退赃退赔、真诚认罪悔罪的，可以依法从轻处罚；其中情节轻微的，可以免除处罚；情节显著轻微、危害不大的，不作为犯罪处理。

七、关于管辖问题

跨区域非法集资刑事案件按照《国务院关于进一步做好防范和处置非法集资工作的意见》（国发〔2015〕59号）确定的工作原则办理。如果合并侦查、诉讼更为适宜的，可以合并办理。

办理跨区域非法集资刑事案件，如果多个公安机关都有权立案侦查的，一般由主要犯罪地公安机关作为案件主办地，对主要犯罪嫌疑人立案侦查和移送审查起诉；由其他犯罪地公安机关作为案件分办地根据案件具体情况，对本地区犯罪嫌疑人立案侦查和移送审查起诉。

管辖不明或者有争议的，按照有利于查清犯罪事实、有利于诉讼的原则，由其共同的上级公安机关协调确定或者指定有关公安机关作为案件主办地立案侦查。需要提请批准逮捕、移送审查起诉、提起公诉的，由分别立案侦查的公安机关所在地的人民检察院、人民法院受理。

对于重大、疑难、复杂的跨区域非法集资刑事案件，公安机关应当在协调确定或者指定案件主办地立案侦查的同时，通报同级人民检察院、人民法院。人民检察院、人民法院参照前款规定，确定主要犯罪地作为案件主办地，其他犯罪地作为案件分办地，由所在地的人民检察院、人民法院负责起诉、审判。

本条规定的"主要犯罪地"，包括非法集资活动的主要组织、策划、实施地，集资行为人的注册地、主要营业地、主要办事机构所在地，集资参与人的主要所在地等。

八、关于办案工作机制问题

案件主办地和其他涉案地办案机关应当密切沟通协调，协同推进侦查、起诉、审判、资产处置工作，配合有关部门最大限度追赃挽损。

案件主办地办案机关应当统一负责主要犯罪嫌疑人、被告人涉嫌非法集资全部犯罪事实的立案侦查、起诉、审判，防止遗漏犯罪事实；并应就全案处理政策、追诉主要犯罪嫌疑人、被告人的证据要求及诉讼时限、追赃挽损、资产处置等工作要求，向其他涉案地办案机关进行通报。其他涉案地办案机关应当对本地区犯罪嫌疑人、被告人涉嫌非法集资的犯罪事实及时立案侦查、起诉、审判，积极协助主办地处置涉案资产。

案件主办地和其他涉案地办案机关应当建立和完善证据交换共享机制。对涉及主要犯罪嫌疑人、被告人的证据，一般由案件主办地办案机关负责收集，其他涉案地提供协助。案件主办地办案机关应当及时通报接收涉及主要犯罪嫌疑人、被告人的证据材料的程序及要求。其他涉案地办案机关需要案件主办地提供证据材料的，应当向案件主办地办案机关提出证据需求，由案件主办地收集并依法移送。无法移送证据原件的，应当在移送复制件的同时，按照相关规定作出说明。

九、关于涉案财物追缴处置问题

办理跨区域非法集资刑事案件，案件主办地办案机关应当及时归集涉案财物，为统一资产处置做好基础性工作。其他涉案地办案机关应当及时查明涉案财物，明确其来源、去向、用途、流转情况，依法办理查封、扣押、冻结手续，并制作详细清单，对扣押款项应当设立明细账，在扣押后立即存入办案机关唯一合规账户，并将有关情况提供案件主办地办案机关。

人民法院、人民检察院、公安机关应当严格依照刑事诉讼法和相关司法解释的规定，依法移送、审查、处理查封、扣押、冻结的涉案财物。对审判时尚未追缴到案或者尚未足额退赔的违法所得，人民法院应当判决继续追缴或者责令退赔，并由人民法院负责执行，处置非法集资职能部门、人民检察院、公安机关等应当予以配合。

人民法院对涉案财物依法作出判决后，有关地方和部门应当在处置非法集资职能部门统筹协调下，切实履行协作义务，综合运用多种手段，做好涉案财物清运、财产变现、资金归集、资金清退等工作，确保最大限度减少实际损失。

根据有关规定，查封、扣押、冻结的涉案财物，一般应在诉讼终结后返还集资参与人。涉案财物不足全部返还的，按照集资参与人的集资额比例返还。退赔集资参与人的损失一般优先于其他民事债务以及罚金、没收财产的执行。

十、关于集资参与人权利保障问题

集资参与人，是指向非法集资活动投入资金的单位和个人，为非法集资活动提供帮助并获取经济利益的单位和个人除外。

人民法院、人民检察院、公安机关应当通过及时公布案件进展、涉案资产处置情况等方式，依法保障集资参与人的合法权利。集资参与人可以推选代表人向人民法院提出相关意见和建议；推选不出代表人的，人民法院可以指定代表人。人民法院可以视案件情况决定集资参与人代表人参加或者旁听庭审，对集资参与人提起附带民事诉讼等请求不予受理。

十一、关于行政执法与刑事司法衔接问题

处置非法集资职能部门或者有关行政主管部门，在调查非法集资行为或者行政执法过程中，认为案情重大、疑难、复杂的，可以商请公安机关就追诉标准、证据固定等问题提出咨询或者参考意见；发现非法集资行为涉嫌犯罪的，应当按照《行政执法机关移送涉嫌犯罪案件的规定》等规定，履行相关手续，在规定的期限内将案件移送公安机关。

人民法院、人民检察院、公安机关在办理非法集资刑事案件过程中，可商请处置非法集资职能部门或者有关行政主管部门指派专业人员配合开展工作，协助查阅、复制有关专业资料，就案件涉及的专业问题出具认定意见。涉及需要行政处理的事项，应当及时移交处置非法集资职能部门或者有关行政主管部门依法处理。

十二、关于国家工作人员相关法律责任问题

国家工作人员具有下列行为之一，构成犯罪的，应当依法追究刑事责任：

（一）明知单位和个人所申请机构或者业务涉嫌非法集资，仍为其办理行政许可或者注册手续的；

（二）明知所主管、监管的单位有涉嫌非法集资行为，未依法及时处理或者移送处置非法集资职能部门的；

（三）查处非法集资过程中滥用职权、玩忽职守、徇私舞弊的；

（四）徇私舞弊不向司法机关移交非法集资刑事案件的；

（五）其他通过职务行为或者利用职务影响，支持、帮助、纵容非法集资的。

二〇一九年十一月三十日

32. 最高人民法院　最高人民检察院　公安部　司法部关于办理非法放贷刑事案件若干问题的意见

为依法惩治非法放贷犯罪活动，切实维护国家金融市场秩序与社会和谐稳定，有效防范因非法放贷诱发涉黑涉恶以及其他违法犯罪活动，保护公民、法人和其他组织合法权益，根据刑法、刑事诉讼法及有关司法解释、规范性文件的规定，现对办理非法放贷刑事案件若干问题提出如下意见：

一、违反国家规定，未经监管部门批准，或者超越经营范围，以营利为目的，经常性地向社会不特定对象发放贷款，扰乱金融市场秩序，情节严重的，依照刑法第二百二十五条第（四）项的规定，以非法经营罪定罪处罚。

前款规定中的"经常性地向社会不特定对象发放贷款"，是指2年内向不特定多人（包括单位和个人）以借款或其他名义出借资金10次以上。

贷款到期后延长还款期限的，发放贷款次数按照1次计算。

二、以超过36%的实际年利率实施符合本意见第一条规定的非法放贷行为，具有下列情形之一的，属于刑法第二百二十五条规定的"情节严重"，但单次非法放贷行为实际年利率未超过36%的，定罪量刑时不得计入：

（一）个人非法放贷数额累计在200万元以上的，单位非法放贷数额累计在1000万元以上的；

（二）个人违法所得数额累计在80万元以上的，单位违法所得数额累计在 400 万元以上的；

（三）个人非法放贷对象累计在 50 人以上的，单位非法放贷对象累计在 150 人以上的；

（四）造成借款人或者其近亲属自杀、死亡或者精神失常等严重后果的。

具有下列情形之一的，属于刑法第二百二十五条规定的"情节特别严重"：

（一）个人非法放贷数额累计在 1000 万元以上的，单位非法放贷数额累计在 5000 万元以上的；

（二）个人违法所得数额累计在 400 万元以上的，单位违法所得数额累计在 2000 万元以上的；

（三）个人非法放贷对象累计在 250 人以上的，单位非法放贷对象累计在 750 人以上的；

（四）造成多名借款人或者其近亲属自杀、死亡或者精神失常等特别严重后果的。

三、非法放贷数额、违法所得数额、非法放贷对象数量接近本意见第二条规定的"情节严重""情节特别严重"的数额、数量起点标准，并具有下列情形之一的，可以分别认定为"情节严重""情节特别严重"：

（一）2 年内因实施非法放贷行为受过行政处罚 2 次以上的；

（二）以超过 72% 的实际年利率实施非法放贷行为 10 次以上的。

前款规定中的"接近"，一般应当掌握在相应数额、数量标准的 80% 以上。

四、仅向亲友、单位内部人员等特定对象出借资金，不得适用本意见第一条的规定定罪处罚。但具有下列情形之一的，定罪量刑时应当与向不特定对象非法放贷的行为一并处理：

（一）通过亲友、单位内部人员等特定对象向不特定对象发放贷款的；

（二）以发放贷款为目的，将社会人员吸收为单位内部人员，并向其发放贷款的；

（三）向社会公开宣传，同时向不特定多人和亲友、单位内部人员等特定对象发放贷款的。

五、非法放贷数额应当以实际出借给借款人的本金金额认定。非法放贷行为人以介绍费、咨询费、管理费、逾期利息、违约金等名义和以从本金中预先扣除等方式收取利息的，相关数额在计算实际年利率时均应计入。

非法放贷行为人实际收取的除本金之外的全部财物，均应计入违法所得。

非法放贷行为未经处理的，非法放贷次数和数额、违法所得数额、非法放贷对象数量等应当累计计算。

六、为从事非法放贷活动，实施擅自设立金融机构、套取金融机构资金高利转贷、骗取贷款、非法吸收公众存款等行为，构成犯罪的，应当择一重罪处罚。

为强行索要因非法放贷而产生的债务，实施故意杀人、故意伤害、非法拘禁、故意毁坏财物、寻衅滋事等行为，构成犯罪的，应当数罪并罚。

纠集、指使、雇用他人采用滋扰、纠缠、哄闹、聚众造势等手段强行索要债务，尚不单独构成犯罪，但实施非法放贷行为已构成非法经营罪的，应当按照非法经营罪的规定酌情从重处罚。

以上规定的情形，刑法、司法解释另有规定的除外。

七、有组织地非法放贷，同时又有其他违法犯罪活动，符合黑社会性质组织或者恶势力、恶势力犯罪集团认定标准的，应当分别按照黑社会性质组织或者恶势力、恶势力犯罪集团侦查、起诉、审判。

黑恶势力非法放贷的，据以认定"情节严重""情节特别严重"的非法放贷数额、违法所得数额、非法放贷对象数量起点标准，可以分别按照本意见第二条规定中相应数额、数量标准的50%确定；同时具有本意见第三条第一款规定情形的，可以分别按照相应数额、数量标准的40%确定。

八、本意见自2019年10月21日起施行。对于本意见施行前发生的非法放贷行为，依照最高人民法院《关于准确理解和适用刑法中"国家规定"的有关问题的通知》（法发〔2011〕155号）的规定办理。

33. 中华全国供销合作总社关于规范发展供销合作社金融服务的指导意见（供销金字〔2018〕51号）

各省、自治区、直辖市及计划单列市、新疆生产建设兵团供销合作社：

为深入贯彻落实《中共中央国务院关于深化供销合作社综合改革的决定》（中发〔2015〕11号，以下简称中发11号文件）精神，进一步深化供销合作社综合改革，防范金融风险，促进系统金融服务规范发展，根据党和国家对金融工作的总体要求及系统实际，提出以下意见。

一、充分认识规范发展金融服务的重要意义

近年来，各地供销合作社认真贯彻中发11号文件精神，积极与各类金融机构合作，开展信用合作、融资担保、保险代理等金融服务，在打通金融惠农"最后一公里"，助推农业农村经济发展、农民增收致富、精准脱贫等方面发挥了积极作用。但也要清醒地认识到，供销合作社金融服务处于起步阶段，还面临着制度建设滞后、经营管理粗放、地区间发展不平衡、服务功能整体偏弱、有效监管缺失等问题，特别是一些地方信用合作组织设立登记不规范、内部管理制度不完善、风险管控机制不健全、监管不到位等问题突出，存在较大风险隐患，亟须加强规范引导。

规范发展供销合作社金融服务、防范金融风险，是深化供销合作社综合改革，推进生产、供销、信用三位一体综合合作，提高为农服务能力和实力的需要，是破解农村金融服务有效供给不足、促进乡村振兴的需要，是打好"三大攻坚战"、维护国家金融安全、实现长治久安的需要。各级供销合作社要切实提高政治站位，进一步增强对金融安全稳定重要性的认识，把主动防范化解金融风险放在更加重要的位置，及时有效识别和化解风险，推动供销合作社金融服务规范、有序发展。

二、指导思想和总体原则

（一）指导思想。深入贯彻习近平新时代中国特色社会主义思想和党的十

九大精神，认真落实中发11号文件、《中共中央国务院关于实施乡村振兴战略的意见》和全国金融工作会议精神，遵守国家有关法律法规，坚持稳中求进工作总基调，强化风险防控意识，以提升为农服务能力为根本宗旨，以服务农村实体经济为出发点和落脚点，正确处理规范与发展的关系，严守不发生系统性金融风险的底线，努力探索构建适应"三农"发展需要，整体运转协调、风险可控的供销合作社农村金融服务体系。

（二）总体原则

——坚持依法合规。供销合作社金融服务要在国家法律法规和政策允许的范围内，按照政府监管部门的要求合规发展。

——坚持稳中求进。供销合作社开展金融服务必须把防范风险放在首要位置，稳字当头，遵循金融发展规律，审慎管理，稳步推动各项业务在高标准严要求下规范、稳步发展。

——坚持服务实体。为实体经济服务是金融的天职。供销合作社开展金融服务必须以服务农村实体经济为导向，把服务实体经济的成效作为衡量工作的根本标准，聚焦支持"三农"发展。

——坚持分类指导。各地各级供销合作社在遵守国家相关法律法规的前提下，因地制宜探索不同形式的金融服务，有针对性地采取风险防控和发展指导措施，不搞"一刀切"。

三、防范风险，规范先行，筑牢发展基础

供销合作社系统要把风险防控放到更加重要的位置，开展以"防控风险、清理整改、规范发展"为主要内容的常态化风险防控，促进金融服务规范发展。

（三）防控风险，建立内外结合的风险防范机制。政府金融监管部门是供销合作社开展金融服务的监管主体。各级供销合作社要积极配合有关部门做好金融监管工作，同时加快构建供销合作社系统内部监督体系。要明确专门机构并综合运用统计、审计、监察等手段，充分利用互联网信息技术，建立风险排查机制，定期对金融服务组织和金融服务业务的风险情况进行摸底排查，对中小型金融机构的资本充足率、不良率、逾期率等安全性指标进行重

点关注，列出问题清单，实行台账管理，有针对性地进行督导管控。要指导金融服务机构按照审慎性原则，完善风险识别、评估、化解、处置和责任追究措施，逐步形成"政府部门监管、供销系统监督、经营机构内控"的风险管理格局。

（四）清理整改，建立违法违规金融服务退出机制。对与供销合作社无实质产权关系而挂靠、使用、冒用供销合作社名义进行金融活动的单位要全面排查，采取果断措施，限时清理，并公告社会。对供销合作社没有实际掌控力的P2P平台，严格禁止使用供销合作社名义开展业务。对无政府部门批准、无监管部门监管、突破批准范围违规经营的金融机构和业务，要限期整改。资金互助组织突破社员制、封闭性，冒用银行名义经营，违规高息揽储、高息放贷，将资金大量投向非农产业甚至国家限制性行业领域，以及业务缺少实体依托、背离发展初衷、"垒大户"等问题要及时整改，逐步消化、稀释风险，对整改后仍达不到要求的要设立退出机制。信用合作规模过大、风险比较集中的地区要采取更加有力的措施，限期把规模和风险降到可控范围内。

（五）规范发展，建立健全金融服务稳健运营机制。供销合作社开展金融服务要按照国家有关准入条件和监管要求，取得有关部门的批准，并在金融监管部门监管下合规开展。要加强制度建设，建立健全审贷决策机制、信息披露制度、风险准备金制度、动态监测制度、抵押担保制度、风险事项报告及应急处理制度，促进业务规范可持续发展。开展信用合作的经济组织要按照"社员制、封闭性、不对外吸储放贷、不支付固定回报"的规定，坚持"小额、短期、分散"原则，规范社员身份、出资额度、资金用途等，细化工作流程，强化责任追究，依法合规开展业务。

四、发挥优势，拓展深度，分类推进金融服务

各地供销合作社要结合实际，探索开展多种形式的金融服务，提高服务的深度和广度，提升金融服务能力和质量。

（六）积极承接各类金融机构的普惠金融服务。充分发挥供销合作社网点多、渠道广、体系健全的优势，加快与金融机构对接合作，推进中华全国供销合作总社（以下简称"总社"）与农业银行、建设银行、农业发展银行、

国家开发银行、中国人民财产保险公司等机构战略协议的贯彻落实。加强对新型农业经营主体、农民合作经济组织、农户基本信息和交易数据的收集、整理和运用，构建"大数据"信息平台，参与社会征信体系建设。积极承接政策性银行、商业银行、农村中小型银行的金融服务，加强与大型担保机构、保险机构合作，打造金融服务资源下乡进村的综合平台。

（七）积极参与组建农村中小型金融机构。按照国家有关政策要求，积极稳妥参与设立各类农村中小型金融机构，推动金融业务回归本源。有条件的地方，积极参与组建农村商业银行和村镇银行。因地制宜组建小额贷款公司、保理公司和供应链金融公司等，开展面向供销合作社企业、新型农业经营主体和农户的贷款和票据贴现等融资服务。积极发起或参与设立融资性担保公司，为供销合作社企业、新型农业经营主体提供增信服务。

（八）稳步发展农村信用合作。在金融监管部门的监管和指导下，稳步探索开展农村信用合作。尚未开展信用合作的地区，力求高起点规范发展；有一定基础的地区要在整顿规范的基础上，有计划、有步骤地稳步推进；规范发展基础较好、有条件的地方，在金融监管部门指导下，以合作社联合社等形式，进行更高层次开展资金调剂和风险防范等方面的探索。加快推进生产、供销、信用"三位一体"综合合作，将金融要素融入农业生产经营全产业链、各个环节，有效发挥合作金融的黏合助推作用。

（九）做实合作发展基金。各级供销合作社联合社要结合实际认真贯彻落实中发11号文件精神，加快设立合作发展基金，按照《供销合作社合作发展基金管理暂行办法》规范设立、运行和管理。合作发展基金既可采取以市场化方式运作的股权投资基金形式，也可采取依据合作制原则使用的发展基金形式运作，主要用于供销合作社基层组织和为农服务项目建设、龙头企业培育、产业发展等方面，提升供销合作社为农服务能力。加强系统内合作发展基金的合作，共同培育产业带动力强、社会影响大、经济效益好的项目，促进系统上下贯通、联合合作。

（十）积极拓展农村保险业务。按照国家有关行业自保的政策法规，继续开展系统安全统筹工作，探索"自保+再保"业务，分散风险。在安全统筹的基础上，发展农业互助保险。鼓励有条件的供销合作社参与发起设立保险机构。各级供销合作社要整合资源，加强与各类保险机构合作，大力开展涉农保险代理服务，为农民提供农业、财产、人寿等各类保险服务，为农民生产生活提供保险保障。

五、加强组织，落实责任，形成推动金融服务规范发展的合力

（十一）加强组织领导。各级供销合作社把规范发展金融服务作为深化供销合作社综合改革的具体任务来抓，进一步提高思想认识，强化组织领导，狠抓任务落实，切实做到发展有目标、推进有措施、督查有机制、防控风险有手段、金融服务有成效。

（十二）强化责任落实。各级供销合作社负责本区域内金融服务规范发展工作，切实履行对所办金融组织的管理职责，当好政府监管部门的助手，配合做好风险防范工作。供销合作社要设立或明确专门机构，配备专业人员，对区域内金融服务工作承担指导、协调、监督和服务职责。要在金融监管部门指导下，因地制宜探索发展符合当地实际的金融服务模式，建立健全行业自律体系。县级供销合作社按照上级部署承接各类金融服务资源，规范发展信用合作，切实履行好现场检查和日常监管职责。

（十三）加强政策协调。按照各地对新型农村合作金融组织的监管、引导、规范以及风险处置职责的相关要求，争取当地政府有关部门落实监督责任。积极与政府相关部门协调解决供销合作社金融服务开展中遇到的准入、设立、登记等问题，为金融服务规范发展创造良好环境。

（十四）加强人才队伍建设。有针对性地开展分层次、分区域、分业务类型的金融培训工作；积极培养引进一批熟悉供销合作社情况、认同合作发展理念、精通金融业务的专业人才，为供销合作社金融服务规范发展积蓄力量。

（十五）加强基础工作。各级供销合作社要分类做细、做实金融服务的统计、考核、研究、信息化建设等基础工作，加强信息交流、及时总结典型经验，为业务规范发展奠定基础。

34. 山东省农民专业合作社信用互助业务试点管理办法(鲁金监发〔2019〕6号)

第一章 总 则

第一条 为加强对农民专业合作社信用互助业务试点（以下简称"信用互助业务试点"）的监督管理，规范农民专业合作社资金融通行为，支持农民专业合作社和农业、农村经济发展，推动山东乡村振兴战略实施，根据《中华人民共和国农民专业合作社法》《山东省地方金融条例》和国家有关金融法规政策，制定本办法。

第二条 本办法所称农民专业合作社信用互助业务，是指在符合条件的农民专业合作社内部，经依法取得试点资格，以服务合作社生产流通为目的，由本社社员相互之间进行互助性信用合作的行为。

第三条 农民专业合作社信用互助业务试点坚持服务"三农"，着眼解决农业农村"小额、分散"的资金需求；坚持社员制、封闭性、民主管理原则，不吸储放贷，不支付固定回报，不对外投资，不以营利为目的；坚持社员自愿，互助合作，风险自担；坚持立足农村社区，社员管理，民主决策，公开透明；坚持独立核算，规范运营，遵纪守法，诚实守信。

第四条 信用互助业务试点实施属地管理。各县（市、区）政府是本辖区试点工作组织推动、监督管理和风险处置的第一责任人，有义务及时识别、预警和化解风险。省和设区市、县（市、区）地方金融监管部门是本辖区信用互助业务试点的监督管理部门。县（市、区）地方金融监管部门具体负责信用互助业务试点资格的认定、退出、日常监管和风险防范，以及相关管理政策的制定，并负责向同级政府及上级地方金融监管部门报告工作。

第二章 资格认定

第五条 信用互助业务试点实行资格认定管理。自愿开展信用互助业务试点的农民专业合作社，应当向县（市、区）地方金融监管部门提出书面申请，取得"农民专业合作社信用互助业务资格认定书"（以下简称"资格认定书"），并到市场监督管理部门办理变更登记后，方可开展试点。

资格认定书由省地方金融监管局统一印制，应载明合作社名称、互助资金限额、互助地域范围、互助社员人数、经办地址等事项，并加盖所在县（市、区）地方金融监管部门公章。在试点过程中，涉及资格认定书内容变更的，应向县（市、区）地方金融监管部门提出书面申请，经同意后交回资格认定书并发放新的资格认定书。

第六条　农民专业合作社开展信用互助业务试点的地域范围，原则上不得超出其注册地所在乡（镇），确有需要的经县（市、区）地方金融监管部门同意可适当扩大范围至相邻乡（镇），但不得超出注册地所在县（市、区）。

第七条　申请开展信用互助业务试点的农民专业合作社，应当具备下列条件：

（一）已经依法办理工商注册登记手续，且具有法人资格；

（二）固定资产在50万元以上；

（三）理事、监事、高级管理人员应当具备履行职责所需的专业能力和良好诚信记录；

（四）有健全的业务操作规范和内部控制、风险管理制度；

（五）法律、行政法规规定的其他条件。

第八条　申请开展信用互助业务试点的农民专业合作社，参与信用互助业务试点的社员应当作出书面承诺，自愿承担农民专业合作社信用互助业务试点风险，并签名盖章予以确认。

第九条　申请开展信用互助业务试点的农民专业合作社，应当单独设立信用互助业务部，并配备具备相应从业能力的部门经理和财务人员。

第十条　农民专业合作社申请开展信用互助业务试点，应当向所在县（市、区）地方金融监管部门提出申请，并提交以下材料：

（一）农民专业合作社营业执照；

（二）农民专业合作社近一个年度的财务报表；

（三）理事、监事以及信用互助业务部经理和财务人员简历、有效身份证件、个人信用记录；

（四）经社员大会同意修改，并签名、盖章的章程；

（五）农民专业合作社社员大会同意开展信用互助业务试点的决议以及合作社自愿承担农民专业合作社信用互助业务试点风险的承诺书；

（六）参与试点的社员名单及有关社员身份证明材料；

（七）参与试点社员出具的自愿承担风险的书面承诺；

（八）县（市、区）农民专业合作社业务主管部门出具的意见书。

第十一条　县（市、区）地方金融监管部门受理农民专业合作社申请开展信用互助业务试点的材料后，应当及时予以审核。对符合本办法规定的，应当出具资格认定书。

第十二条　开展信用互助业务试点的农民专业合作社有下列变更事项之一的，在市场监督管理部门变更登记后，应当向县（市、区）地方金融监管部门报告。

（一）变更名称或住所；

（二）变更试点社员；

（三）修改章程；

（四）更换理事长、监事长；

（五）监管部门规定的其他变更事项。

第三章　社员管理

第十三条　农民专业合作社开展信用互助业务试点，只能向符合以下条件的社员吸收或发放资金：

（一）社员加入农民专业合作社1年以上；

（二）自然人社员的户口所在地或经常居住地、法人社员的注册地或主要经营场所，原则上应当在农民专业合作社所在行政村或乡（镇）；

（三）法人社员的主要生产经营活动与农民专业合作社业务直接相关，且近2年连续盈利；

（四）章程规定的其他条件。

第十四条　参与试点的农民专业合作社社员入社时间原则上以社员在市

场监督管理部门备案时间为依据。对于未在市场监督管理部门备案，但与合作社之间存在与主业相关的经济往来且时间超过一年以上的社员，能够提供其与农民专业合作社发生一年以上经济往来的有关凭据，并经农民专业合作社理事及10名以上已参与试点社员（如未满10个，则需全部签署）共同签字同意的，县级监管部门可根据上述材料确认社员入社时间。

第十五条　开展信用互助业务试点的农民专业合作社应当置备参与试点社员名册，并报送县（市、区）地方金融监管部门。参与试点社员发生变更的，应当自变更之日起30日内，将法定代表人签署的参与试点社员名册报送监管部门并同时提交相关资格证明。

第十六条　开展信用互助业务试点的农民专业合作社应当为参与信用互助业务试点的社员设立专门台账并允许社员查阅，台账应载明以下事项：

（一）社员的姓名、身份证号码、家庭住址；

（二）社员存放资金额、存放日期；

（三）社员借用资金额、借出日期。

第四章　运营规则

第十七条　农民专业合作社开展信用互助业务试点的互助资金限额原则上不得超过500万元，确有需要的可适当扩大规模，但不得超过1000万元。互助资金限额是指试点合作社在任何时点借出的互助资金余额之和的金额上限。

互助资金来源包括符合条件的社员自愿承诺出借的资金和农民专业合作社自有资金等可用于互助的资金，其中货币股金、资本公积、盈余公积、未分配盈余、专项基金等，需经社员大会同意后方可用于信用互助业务试点。

第十八条　法人社员出资额不得超过互助资金限额的20%。自然人社员出资额原则上不超过所在县（市、区）上一年度农民人均纯收入的5倍，最高不得超过10万元。

第十九条　开展信用互助业务试点的农民专业合作社应当本着以需定缴的原则归集互助金，以实缴方式提前归集的资金余额不得超过互助资金限额的20%。

第二十条 开展信用互助业务试点的农民专业合作社对单一社员发放互助金不得超过互助资金限额的10%，且使用互助金占比超过5%以上的社员，其使用互助金的余额合计不得超过互助资金限额的40%。

第二十一条 信用互助业务试点的资金用途，主要用于支持生产经营的流动性资金需求，期限一般不超过1年；在满足社员生产经营流动性资金需求的前提下，合作社可将互助金用于满足社员购买电器、修缮房屋、子女教育等消费类资金需求，但使用互助金用于消费类的余额总计不得超过互助资金限额的20%。

第二十二条 开展信用互助业务试点的农民专业合作社应当建立健全资金使用决策机制，成立由管理人员和社员代表组成的资金使用评议小组，根据社员信用状况、生产经营情况等确定其资金使用额度和使用费率。

开展信用互助业务试点的农民专业合作社应当制定资金发放前审查、发放时审批、发放后检查等审查程序和操作规程，健全内部控制机制，规范从业人员岗位职责，增强社员风险意识，有效控制风险。

第二十三条 参与信用互助业务试点的农民专业合作社社员使用互助金，可采取信用借款和社员担保、联保方式，也可采取用农村土地承包经营权、农村居民房屋权和林权抵押等方式。

第二十四条 开展信用互助业务试点的农民专业合作社应当依照有关规定，建立健全与信用互助业务试点相适应的财务、会计制度，遵循审慎的会计原则，使用统一制式的信用互助业务试点专用账簿、凭证，真实记录并全面反映信用互助业务试点业务活动和财务状况。

开展信用互助业务试点的农民专业合作社应当单独组织编制互助资金年度盈余分配方案、亏损处理方案以及财务会计报告，供社员查阅。

第二十五条 农民专业合作社开展信用互助业务试点实行独立核算、自负盈亏。信用互助业务在弥补亏损、提取公积金后的当年盈余为可分配盈余，可分配盈余按交易额比例返还为主的原则进行分配，具体分配办法按照章程规定或者经社员大会决议确定。

第二十六条 开展信用互助业务试点的农民专业合作社，应当选择1家银行业机构，作为其互助资金存放、支付及结算的唯一合作托管银行，并在托管银行新开立或用原来已经在托管银行开立过的"一般存款账户"专门用于对信用互助资金进行核算结算，确保日常生产经营资金与信用互助资金隔离。

农民专业合作社及其监管部门应当与合作托管银行签订三方合作协议，合作托管银行应当为农民专业合作社信用互助业务试点提供业务指导、风险预警、财务辅导等服务。

第二十七条 开展信用互助业务试点的农民专业合作社，归集和发放互助金以及结算均通过合作社在托管银行开立的信用互助账户转账处理，原则上不允许进行现金交易。

第二十八条 有条件的农民专业合作社，可以与合作托管银行深入开展合作。经双方协商，合作托管银行可以为农民专业合作社信用互助业务试点提供必要的流动性支持，满足其季节性临时资金需求。

第二十九条 开展信用互助业务试点的农民专业合作社不得对外吸收存款，不得对外发放贷款，涉嫌非法集资的由有关部门依法处理。农民专业合作社开展信用互助业务试点，应将信用互助业务部作为其信用互助业务唯一经办场所，不得对外设立营业柜台，禁止进行大额现金交易，禁止现金在办公场所过夜。

第五章 监督管理

第三十条 开展信用互助业务试点的农民专业合作社应当按月向县（市、区）地方金融监管部门报送相关业务和财务报表数据，按年度报送合作社经营状况。农民专业合作社的法定代表人，应当对经其签署报送的上述报表的真实性承担责任。

第三十一条 开展信用互助业务试点的农民专业合作社的理事、监事、经理和信用互助业务部经理、财务人员应当具有从事信用合作所必备的知识和经验，各级地方金融监管部门应当定期组织相关业务培训。信用互助业务部经理和财务人员上岗前应通过地方金融监管部门组织的从业知识考试。

第三十二条 农民专业合作社开展信用互助业务试点应将资格认定书悬挂在经营场所明显位置，以接受社员和社会监督。

监管部门要建立社会监督举报制度，及时受理投诉举报，并将处理结果予以公布。

第三十三条　农民专业合作社在开展信用互助业务试点过程中发生社员大额借款逾期、被抢劫或诈骗、管理人员涉及严重违法犯罪等重大事项，或农民专业合作社自身发生可能影响信用互助业务试点的重大事项时，应当立即采取应急措施并及时向县（市、区）地方金融监管部门报告。

第三十四条　监管部门根据履行职责的需要和监管中发现的问题，可以与农民专业合作社的理事、监事、经理和信用互助业务部经理、财务人员进行监管谈话，要求其就业务活动和风险管理等重大事项作出说明。上级监管部门发现合作社信用互助业务试点存在问题的，可视风险严重程度，通过风险提示函、监管约谈建议函、整改意见函、风险处置意见函等方式，向下级监管部门提出监管意见，并由县级监管部门具体督促合作社整改。

第三十五条　县（市、区）地方金融监管部门根据审慎监管的要求，有权依照有关程序和规定，采取下列措施对开展信用互助业务试点的农民专业合作社进行现场检查：

（一）进入农民专业合作社进行检查；

（二）询问农民专业合作社的工作人员，要求其对有关检查事项作出说明；

（三）查阅、复制与检查事项有关的文件、资料，对可能被转移、藏匿或者毁损的文件、资料予以封存；

（四）检查农民专业合作社电子计算机业务数据管理系统。

第三十六条　设区市地方金融监管部门应当建立健全信用互助业务试点的信息资料收集、整理、统计分析制度，督促辖内县（市、区）地方金融监管部门及试点合作社接入省金融综合服务信息平台，及时录入合作社基本信息和信用互助业务数据，对互助资金来源和用途、社员变化、风险情况等进行持续监测，按月向省地方金融监管局报送统计数据。

第三十七条　农民专业合作社在开展信用互助业务试点过程中出现违法违规行为，监管部门应根据《山东省地方金融条例》及相关配套制度给予相应处罚；构成犯罪的，由司法机关依法追究法律责任。

第三十八条 设区市和县（市、区）地方金融监管部门应当会同有关部门建立信用互助业务试点突发事件的发现、报告和处置制度，制定处置预案，及时有效处置信用互助业务试点突发事件，并及时向同级政府和上级监管部门报告重大风险事件和处置情况。

第三十九条 开展信用互助业务试点的农民专业合作社可建立行业自律组织，履行自律、维权、服务等职责。

省地方金融监管局负责对开展信用互助业务试点的农民专业合作社的行业性自律组织进行业务指导。

第四十条 农民专业合作社开展信用互助业务试点有违法经营、经营管理不善等情形，将严重危害经济社会秩序、损害公众利益的，由县（市、区）地方金融监管部门终止其试点资格。开展信用互助业务试点的农民专业合作社经社员大会表决可以自愿退出试点。

农民专业合作社信用互助业务试点因被终止试点资格或自愿退出试点的，应当向县（市、区）地方金融监管部门缴回资格认定书。

第六章 附 则

第四十一条 本办法由山东省地方金融监督管理局负责解释。

第四十二条 本办法自2019年7月11日起施行，有效期至2022年7月10日。

（二〇一九年六月十日印发）

35. 湖南沅陵县关于引导开展农民创业资金互助社试点工作的实施方案

为进一步探索解决农民生产所需资金的有效途径，切实解决好农村地区银行业金融机构网点覆盖率低、金融供给不足，竞争不充分等问题。根据国家农村改革试验区办公室对我县农村金融服务体系改革提出的"先行先试、封闭运行、有所突破,风险可控"的总体要求,结合我县实际,就引导开展农民创业资金互助社试点工作提出如下实施方案。

一、认真把握开展农民创业资金互助社试点工作的原则、条件和数量

农民创业资金互助社是在家庭承包经营基础上,以一定区域内农户为主体并为社员提供资金融通服务的互助性经济组织。

(一)注重把握开展农民创业资金互助社试点工作的原则。

1. 坚持为农性,成员以农民为主体,以服务成员、促进农业增效、农民增收和农村发展为宗旨。

2. 坚持合作制性质,实行民办、民营、民受益、民担风险;坚持入社自愿、退社自由;坚持民主管理且成员地位平等。

3. 坚持区域性,互助社发展社员和资金融通严格限制在个村或几个村,最多不得超过所在乡镇范围,不得跨区域开展业务,不得对城市居民及单位开展业务,同一区域不得重复设立分社或分部。

4. 坚持社员制。开展农民创业资金互助社吸纳社员股金和发放融通资金,必须严格限制在本社社员内进行,成为农民创业资金互助社社员必须履行必要的手续。禁止农民创业资金互助社向不特定对象吸纳和投放资金。

5. 坚持风险可控。充分认识和评估可能存在的风险,建立健全风险预警和防范机制,使风险处于可以控制的范围内,确保农民创业资金互助社安全稳健运行。

6. 坚持规模适度。农民创业资金互助社吸纳基础股金的规模根据社员资金需求确定,不盲目扩大规模。农民创业资金互助社应根据实际,提出年度吸纳股金和投放资金的规模额度,报县金融改革办备案。

7. 坚持盈余返还,农民创业资金互助社的部分盈余按照当年社员股金的积数比例及章程规定的方式向社员进行返还。

(二)严格坚持设立农民创业资金互助社试点的条件。

1. 有符合规定要求的章程。

2. 有10名以上符合社员条件的发起人(其中农民社员比例80%以上)。

3. 有符合要求的基础股金。

4. 有符合任职资格的理事、经理和具备从业条件的工作人员。

5. 有符合要求的服务场所、安全防范设施和与业务有关的其他设施。

6. 有符合规定的组织机构和管理制度。

7. 有全体发起人就依法、规范运行及风险自担的书面承诺，有所在乡镇人民政府就风险控制和处置所作的书面承诺。

（三）审慎控制开展农民创业资金互助社试点数量。严把准入门槛，真正做到成熟一个发展一个，发展一个规范一个，逐步实现乡镇全覆盖。实施时坚持四个优先。

1. 农民资金供求矛盾突出的地区优先。

2. 条件成熟的乡镇优先。

3. 合并乡镇老镇址所在地优先。

4. 农民专业合作社、产业大户、村组干部领办的优先。

二、规范开展农民创业资金互助社试点单位的设立审批程序

试点设立农民创业资金互助社应履行以下手续和程序。

（一）发起人申请，发起人向所在乡镇人民政府提出筹建申请。申请时须提交筹建申请书、可行性研究报告和筹建方案，可行性研究报告必须就当地经济金融情况、组建农民创业资金互助社的可行性和必要性、未来业务发展规划、风险控制能力进行分析研究；筹建方案必须对组织机构、注册资本、股本结构、股权设置、股金认购、从业人员配备、机构选址、管理制度制定、筹建工作步骤和时间等事项作出组织和安排。

（二）乡镇人民政府向县申报，乡镇人民政府接到发起人申请后，必须组织人员进行调查核实，并就农民创业资金互助社试点工作落实监管部门、监管人员、监管措施和必要的工作经费，在此基础上向县农村金融服务体系改革试验区办公室申报，申报时必须由所在乡镇人民政府就风险控制和处置作出书面承诺。

（三）县审核审批。首先，由县农村金融服务体系改革试验区办公室组织人员进行调查并提出初步意见；其次，由县农村金融服务体系改革试验区领

导小组成员会议进行专题研究；最后，报领导小组组长审批同意后予以批设（由县农村金融服务体系改革试验区办公室发同意设立的批复，到县民政局登记为民办非企业法人）。审核审批时，发起人必须向县农村金融服务体系改革试验区办公室提交以下资料：

1. 筹建申请书。

2. 筹建方案。

3. 发起人协议书。

4. 申报审批表、牵头发起人报名表、从业人员登记表。

5. 章程（草案）。

6. 主要管理制度。

7. 拟任理事长、监事长（执行监事）、主要从业人员任职资格的相关材料及资格证明。

8. 农民创业资金互助社依法、规范运行及风险自控、自担的书面承诺。

9. 营业场所、安全防范设施的相关资料。

10. 发起人基础股金到位证明。

三、强化对开展农民创业资金互助社试点工作的组织领导和协调服务

开展设立农民创业资金互助社试点是我县深化农村金融服务体系改革的一项重要举措，也是破解"三农"贷款难题的重要手段，必须加强领导，精心组织，规范运行，科学有序。

（一）成立组织机构。成立沅陵县农民创业资金互助社试点工作领导小组。由常务副县长任组长，分管农业的副县长为副组长，县政府办、县金融改革办、县农办、县财政局、县审计局、县民政局、县工商局、县人行、县公安局主要负责人为成员。领导小组的职责为：学习、研究和贯彻中央、省有关文件精神；对全县面上试点工作进行指导、监督、管理和服务；对试点单位按规定条件和程序进行审核把关；制定并落实业务、风险监管办法和措施。领导小组下设办公室，办公室设在县金融改革办。办公室主要负责领导小组日常工作，抓好业务指导、风险监控、协调服务等工作。

（二）明确步骤。整个试点工作分三个阶段进行，第一阶段：准备阶段（11月底前），主要做好相关汇报，成立沅陵县农民创业资金互助社试点工作领导小组，设立办公室，拟定实施方案；第二阶段：实施阶段（12月—2014年1月），按照实施方案的要求，及时召开相关会议，明确开展试点的条件、程序及相关要求，按发起人申请、所在乡镇申报、县审核审批的程序，规范、有序地做好开展试点的相关工作；第三阶段：总结提高阶段（2014年1月份以后），及时总结开展试点的成功经验，将试点单位纳入报表统计、季度审计、业务培训的范围，使之始终在数量可控、规模可控、风险可控的轨道上健康有序发展。

（三）强化协调服务。开展农民创业资金互助社是改善农村金融服务和资金供求状况最直接、最有效、最重要的途径，是一个大的发展方向和趋势，但其风险也仍然存在，监管显得尤为重要，县金融改革办承担管理、协调的责任；县人行承担业务指导和风险提示的责任；县民政局、县工商局、县财政局、县审计局等部门也要根据各自职能做好相关工作，要确立农民创业资金互助社自身的营运、管理、风险控制的主体地位，使其真正成为"民办、民管、民收益、民担风险"的责任主体，县、乡镇两级政府及相关部门要为农民创业资金互助社试点的健康发展营造良好环境，试点期间缓征税收，对"三农"投放的资金互助社享受财政贴息政策，免费培训从业人员。

沅陵县农村金融服务体系改革试验区办公室
二〇一三年一月二十日

36. 安徽金寨县发展新型农村合作金融组织管理办法（试行）

第一章 总 则

第一条 为认真贯彻落实农业部、中央农村工作领导小组办公室等13个部门《关于第二批农村改革试验区和试验任务的批复》（农政发〔2014〕5号）精神，保证我县农民合作社内部信用合作试点工作顺利进行，特制定《金寨县发展新型农村合作金融组织管理办法（试行）》。

第二条　本办法明确规定了农民合作社内部信用合作的指导原则、运作模式、操作规范和监督管理等内容。

第三条　农民合作社开展内部信用合作遵循"依托三农、划定区域、吸股不吸储、对内不对外"的总体要求，坚持以下原则：

（一）为农性原则。农民合作社内部信用合作以谋求社员共同利益为宗旨，为"三农"服务，着力解决社员生产经营活动中"小额、流动、分散"的资金需要，用于支持农业产业发展。

（二）封闭性原则。农民合作社信用合作仅限于入社并入股的农民合作社内部社员，不得对城镇居民和农民合作社社员以外人员（企业）开展业务。

（三）自治性原则。实行"民办、民管、民受益"，加入自愿、退出自由，政府不搞强迫命令、不直接参与经营，坚持民主管理，加强资金管理，信用合作资金单独开设专户、建立专账，独立核算。

（四）可控制原则。发挥政府在政策引导、业务指导、监督管理职能作用，规范成员筹集和借贷资金程序和手续，建立风险可控机制，有效规避运行风险。

第四条　农民合作社开展信用合作实行"股金+合作资金"的运作模式，建立以股金为主、零散合作资金为辅的资金来源渠道，即：合作资金总额应小于入股股金总额。

农民合作社信用合作资金来源于以下几方面：入股资金、内部社员闲散资金暂时存放在农民合作社的合作资金、农民合作社提取的公积金和上级拨给的专项资金。

第五条　农民合作社开展信用合作，要就近与所在地金融机构办事处联系，签订合作协议，确定合作办法，开立农民合作社账户，办理资金存放、支付及结算业务。合作银行为农民合作社提供业务指导、财务辅导等服务。

第六条　农民合作社开展信用合作，应遵守有关法律法规和国家金融方针政策，诚实守信，审慎经营，接受农业、金融等管理部门的业务指导和监督管理。

第二章　准入条件

第七条　农民合作社开展信用合作必须符合以下条件：

1. 农民合作社注册时间 2 年以上，营业执照经营范围添加"内部信用合作"内容；

2. 农民合作社经营状况良好，理事长诚信状况良好；

3. 有符合相关法律、法规规定的章程、名称和组织机构，有固定且适当的经营场所；

4. 主要负责人无不良记录且具有 3 年以上相关管理经验及工作经历；

5. 建立理事会、监事会等管理运行机构；

6. 农民合作社提出申请，经县农村工作领导小组办公室批准，并颁发"信用合作试点单位"证书。

第三章　章程和制度

第八条　农民合作社开展信用合作要遵循《中华人民共和国农民专业合作社法》，遵照执行《关于第二批农村改革试验区和试验任务的批复》等文件规定，制定或修改章程。

第九条　农民合作社开展信用合作要制定各项规章管理制度，包括社员入社入股规则、社员退社规则、资金管理制度、财务管理制度、贷款管理制度、安全保卫制度、办公室工作制度、档案管理制度、理事长工作职责、理事长职责、监事会职责等；制定社员大会、理事会、监事会召开办法等。建立健全"三查"（资金投放前调查、投放时审查、投放后检查）制度。

第十条　农民合作社开展信用合作要建立"利益共享、风险共担"的机制，合作社在获得利润后，应提取信用合作专户当年净利润的 40% 用于入股社员分红，提取 20% 用于农民合作社信用合作风险基金，提取 20% 用于农民合作社信用合作公积金，并提取 20% 的未分配利润。

第十一条　农民合作社对社员开展五级"星级信用社员"评定，对讲诚信、守信用，自觉遵守规章制度，遵纪守法，按时还贷的社员按级别授予

"星级信用社员"荣誉称号,由农民合作社理事会评定并颁发证书。对获得四星以上的社员,可适当放大单笔贷款额度。

第四章 股权管理

第十二条 入股

(一)根据农民合作社产业发展、资金需求、经营管理等方面综合考虑,在农民合作社所在村(部分农民合作社扩大到相邻村或乡镇)范围内,适度确定参与信用合作人数和资金规模,成员必须与农民合作社经营有生产流通关系的农户,讲诚信、讲信誉,按农民合作社章程规定出资并履行入社手续,方可申请加入。农民合作社要严格按照批准的区域范围发展成员。

(二)农民合作社信用合作社员股金总额不超过500万元。单个社员的入股期限至少一年,入股资金一般不低于1万元,最高不超过合作社股金总额的5%。

(三)农民合作社信用合作入股资金根据社员资金需求情况,一般每年进行1次集中吸收新社员股金和原社员增加股金,特殊情况根据当地农业产业发展和农民需要,可扩股一次,但不得常年吸收。社员入社入股后,发给"股金证"。

(四)社员平时的闲散资金可以作为合作资金存放在合作社,单笔存放最高额度不得高于合作社入股资金总额的4%,社员存放合作资金由合作社出具"合作资金存放凭证"。

(五)入股资金和合作资金按月息3‰向社员支付利息。合作资金存放期至少为3个月,如果社员提前支取,按月息3‰的60%向社员支付利息。

(六)社员缴纳股金必须以货币出资,不得以实物、贷款或其他方式入股。

(七)社员的入股股金和积累可以转让、继承和赠予,但理事、监事和经理持有的入股股金和积累在任职期限内(一般为三年)不得转让。

第十三条 退股

(一)同时满足以下条件,社员可以办理退股。

1. 社员提出全额退股申请;

2. 农民合作社当年盈利;

3. 在农民合作社没有逾期未偿还的贷款。

（二）社员要求退股，应提前3个月提出申请，经理事会批准后办理退股手续。退股社员的社员资格在完成退股手续后终止。

第十四条　社员在其资格终止前与农民合作社已订立的合同，应当继续履行。

第十五条　社员资格终止后的1个月内，合作社以现金形式返还该社员的股金；社员资格终止的当年不享受利润分配。

第十六条　具备以下情形之一的社员，经理事会批准，可予以除名：

（一）不遵守合作社章程；

（二）其行为给合作社名誉和利益带来严重损害；

（三）以欺骗手段从合作社取得贷款；

（四）恶意逃避在合作社的债务；

（五）社员大会（社员代表大会）认为需要除名的其他情形。

被除名的社员如有未归还的贷款，要以该社员在农民合作社的股金和社员积累予以抵扣，不足以抵扣的部分，该社员应通过其他方式偿还。

第十七条　合作社建立社员名册，社员名册须载明以下事项：

（一）社员的姓名或名称、性别、身份证号码；

（二）社员所持股金金额；

（三）社员所持股金证书的编号；

（四）社员缴纳股金日期。

第十八条　合作社为每个社员建立社员账户，按照《中华人民共和国农民专业合作社财务会计制度（试行）》要求进行记载。主要记载下列内容：

（一）该成员的入股出资额；

（二）量化给该成员的公积金份额；

（三）该成员存入合作社的合作资金；

（四）该成员在合作社的贷款额度。

第五章　资金用途

第十九条　农民合作社贷款用途应主要用于：社员购买种子、种苗、种畜、种禽、肥料、饲料、农药等农业生产资料；社员购买农业机具；社员购买农产品包装和加工设施、购置冷藏保鲜设施和运输设备等；用于支持社员农业产业生产经营发展的流动性资金需求。

第六章　财务管理

第二十条　合作社开展信用合作资金由农民合作社理事会负责管理，由农民合作社执行监事或监事会负责监督。

第二十一条　合作社开展信用合作资金应就近存入合作银行专用账户，不得通过个人账户管理农民合作社信用合作资金，不得现金坐支。

第二十二条　农民合作社开展信用合作应参照执行国家有关农村金融企业的财务制度、会计准则和《农民专业农民合作社财务会计制度》，设置独立会计账册，实行独立会计核算，严格执行财务管理制度。

第二十三条　农民合作社不得动用信用合作资金以任何方式进行风险性投资业务。

第七章　贷款管理

第二十四条　倡导"讲诚信、讲信誉"的风尚，树立"贫可贷、富可贷，不讲信誉不可贷"的理念。

第二十五条　坚持"小额、流动、分散"的原则，向全体社员分散发放。

第二十六条　严格控制贷款额度，同一贷款人单笔贷款不超过5万元。

第二十七条　严格控制贷款期限，贷款期限以半年以下为主，一般不超过1年。

第二十八条　适当制定贷款利息，农民合作社成员贷款利率按月利率10‰计算。

第二十九条　农民合作社对内部成员贷款，严格执行"九禁止"规定：

（一）非农民合作社社员的"禁止贷款"；

（二）超过5万元限额的"禁止贷款"；

（三）超过一年期限的"禁止贷款"；

（四）前期贷款未还清者"禁止贷款"

（五）有不良记录者"禁止贷款"；

（六）有不孝、赌博、违法者"禁止贷款"；

（七）没有社员担保者"禁止贷款"；

（八）没有共同借款人签字的"禁止贷款"；

（九）请客送礼者"禁止贷款"。

第三十条　贷款程序

（一）借款人向农民合作社理事会提出书面申请；

（二）理事会派专人进行现场核查；

（三）审核同意后签订借款合同；

（四）履行担保手续；

（五）理事会审批；

（六）财务人员发放贷款。

第三十一条　贷款审批

由 2~3 名理事会成员到现场核查签字后，理事长审批。

第三十二条　担保

（一）坚持"以信誉担保为主，以经济担保为辅"的理念。

（二）贷款时必须完善担保手续，担保人要充分调查贷款人信誉状况和偿还能力。

（三）贷款担保由农民合作社内部成员联保、农民房屋财产权担保、农村土地承包经营权担保、信誉担保等多种形式。

（四）以物抵押的，合作资金投放数额不得高于抵押物评估价值的 60%。

第三十三条　贷款到期后一次性还本付息，到期偿还确有困难的，经理事长同意，以相同贷款利息可以延长 30 天。延长期满后不办理偿还手续的，农民合作社有权直接从担保人合作资金中扣除。特殊情况贷款到期后不能偿还，贷款期限只能展期一次，但应结清到期贷款利息，展期期限最长不得超过约定贷款期限的三分之一。

第八章　风险防控

第三十四条　完善风险指标运行体系，合作资本损失准备充足率不得低于100%，备付金不得低于合作资金总额的15%，资本充足率不得低于8%；农民合作社对贷款逾期率超过5%或呆滞率超过2%以上的，要暂停资金发放，在贷款逾期率和呆滞率分别降低到5%和2%以下后，才能逐步恢复投放。

第三十五条　农民合作社应严格监督贷款人资金用途，社员未按照约定用途使用资金的，农民合作社应停止发放或提前收回借款。

第三十六条　实行重大事项报告制度，农民合作社法定代表人、经营场所的变更等重大事项，应及时向县市场监管部门申请变更登记，并应及时向县农发委、金融监管等部门书面报告备案。

第三十七条　为保证农民合作社信用合作试点健康运行，专项建立300万元风险补偿基金，对因自然灾害等人力不可抗拒原因发放给社员的贷款损失，按照实际损失额的25%给予补偿。

（一）风险补偿基金补偿程序为：

1. 合作社提出书面申请；

2. 县农发委、金融办等相关部门对申请风险补偿的贷款进行审核，提出补偿意见；

3. 县农村工作领导小组研究审批；

4. 托管银行金寨县农村商业银行拨付风险补偿资金。

（二）农民合作社申报风险补偿基金需提供下列资料：

1. 农民合作社申请文件；

2. 农民合作社提供财务会计报表、工商营业执照和税务登记证的复印件；

3. 贷款业务台账，包括借款合同、保证合同、借款借据等。

（三）实施补偿后，农民合作社要继续进行债务追偿，追回的资金或借款人恢复还款的资金，在抵扣追索费用、违约金后，偿还农民合作社贷款本息，剩余部分按比例补回风险补偿基金。

第九章　监督管理

第三十八条　成立金寨县农村改革试验工作领导小组，统一负责整个试验工作的组织、协调和督导。试验工作领导小组办公室设在县农发委，承担改革试验区的日常工作，落实好试验具体任务和工作措施。建立健全工作例会、试验运行、协调服务、检查督导和总结反馈等工作制度。领导小组应建立行业统计、重大风险应急处置制度，定期开展调研督查，协调解决行业发展中的重大问题。

第三十九条　县农发委负责农民合作社信用合作发展的指导、扶持和服务工作，帮助试点农民合作社解决具体问题，指导、协助合作社健全章程、规范运作；搞好农民合作社监督管理、风险防范化解处置；要定期或不定期开展现场检查，督促农民合作社信用合作依法合规经营，制定和落实风险应急处置预案，有效控制风险。

乡镇人民政府要指定专人分管，乡镇农技服务中心要开展日常监督管理，科学把握农民合作社信用合作发展进度，维护地方金融稳定。

县市场监督管理局负责对农民合作社信用合作登记注册行为进行监管。

县公安局、金融办、县银监办、人民银行金寨支行负责对假借农民合作社资金信用合作名义非法集资、非法金融业务活动、非法设立金融机构等违法犯罪活动进行严厉打击和查处取缔。

县财政局筹集风险基金。

试点农民合作社的对接银行网点负责对信用合作工作进行培训。

第四十条　在全县参加试点的农民合作社达到一定数量后，县农村改革试验工作领导小组办公室购置专用设备、开发软件建立监管平台，用于信用农民合作社的运行监督管理。

第四十一条　对农民合作社信用合作违规开展资金合作业务或发放高利贷的，县农发委、金融办责令合作社限期整改；对违规情节严重或到期未完成整改的，及时通报县级市场监督管理部门，依法吊销其营业执照。对未经批准和注册登记开展信用合作业务或涉嫌非法集资、非法金融业务活动、非法设立金融机构的，由县农发委、金融办、人民银行分支机构、银监会及公安部门，按照《非法金融机构和非法金融业务活动取缔办法》依法查处。

第四十二条　本办法由金寨县农村工作领导组办公室负责解释。

后 记

信用合作是建立在合作组织成员互助合作基础上的一种金融组织形式，是农村金融体系的重要组成部分。供销合作社信用合作在探索中发展，积累了一些经验，也面临着人才不足、经验不足、指导不够等问题，为回应基层呼声，更好地贯彻落实中央防范化解重大风险的决策部署，根据《关于深化供销合作社综合改革的决定》（中发［2015］11号）文件精神和《农民专业合作社法》有关要求及系统探索实践，我们组织有关专家学者编写了《供销合作社农村信用合作实务读本》。

本书共分三篇，第一篇为实务篇，介绍了供销合作社开展信用合作业务的历史与现状、以及信用合作业务的发起设立、社员管理、经营管理、风险防控、联合发展等方面内容，从实务操作的角度介绍了具体如何开展信用合作；第二篇为案例篇，整理了部分地区开展信用合作业务的成功经验和典型做法，以及信用合作业务相关的法律文书范本；第三篇为政策篇，收录了近年来与信用合作相关的政策文件以及原银监会开展农民专业合作社信用合作试点的"一省三县"的相关政策文件，供读者参考。全书共八章，写作分工如下：第一章、第二章由北京商业管理干部学院艾永梅、朱文浩执笔，第三章、第四章和第八章分别由江西省供销合作社、山东省供销合作社和贵州省供销合作社撰稿，第五章、第六章、第七章由中合联投资有限公司解辞、赵丽萍、邵云执笔，邹春艳、王智、董佳春子、王庆林参与了附录的收集整理及部分章节的修订工作，郭晓茹对全书进行统稿修订，经闵学冲、陈振平和吴孔凡审阅后，由全国人大农业与农村委员会副主任委员李春生审定并题写序言。衷心感谢编写团队的辛勤付出，特别向参与编写的山东省供销合作社姜晋光处长、江西省供销合作社汪慧处长、贵州省供销合作社奉志玉处长等

后　记

同志，以及山东省供销合作社、江西省供销合作社、贵州省供销合作社、浙江省供销合作社、安徽省供销社、湖南省供销合作社、江苏省滨海县中淮农民综合服务专业合作联合社、安徽省黄山市供销合作社、安徽省阜阳市金牌养鸡专业合作社、江西省新余市民钰农民种养专业合作社、陕西汉阴平梁供销合作社、安徽颖上供销合作社、北京商业管理干部学院、中合联投资有限公司等单位表示衷心的感谢！

书中难免有疏漏和不足之处，敬请读者包涵。

本书编写组

2019 年 11 月